LAURENT RUQUIER

Diplômé de gestion, Laurent Ruquier est né au Havre en 1963 et commence sa carrière d'animateur dans une radio associative. Il fait son entrée sur les ondes nationales aux côtés de Jean Amadou puis de Claude Villers, et, parallèlement, déploie ses talents d'humoriste sur la scène du Caveau de la République. À partir de 1991, il devient animateur vedette avec l'émission « Rien à cirer » sur France Inter. Le public le suit également au Casino de Paris, dans *Ruquier enfin gentil* et *Ruquier encore gentil*. Dès 1999, il s'installe sur les ondes d'Europe 1 et anime « On va s'gêner », entouré de l'équipe d'« On a tout essayé », émission qu'il présente sur France 2 du lundi au vendredi. Il revient à la scène en 2002 avec *La presse est unanime*, sa première pièce de théâtre, qui rencontre un véritable succès. En 2003, il adapte la comédie musicale *Chicago* puis enchaîne les pièces de théâtre : *Grosse chaleur*, *Landru*, *Si c'était à refaire*. La plume acérée de Laurent Ruquier a signé de nombreux ouvrages, parmi lesquels *Ne nuit pas à la santé* (2004), *Je ne vais pas me gêner* (2000) et *Il faut savoir changer de certitudes* (1999).

ON VA S'GÊNER !

Les meilleurs moments de l'émission

DU MÊME AUTEUR

CHEZ POCKET

JE NE VAIS PAS ME GÊNER

C'EST CHRONIQUE

MON BEST OF

NE NUIT PAS À LA SANTÉ

LAURENT RUQUIER

ON VA S'GÊNER !

Les meilleurs moments de l'émission

PLON

ISBN 978-2-266-17109-0

Les intervenants

Christophe Alévêque
Philippe Alfonsi
Isabelle Alonso
Jean Benguigui
Pierre Bénichou
Jérôme Bonaldi
Steevy Boulay
Christine Bravo
Péri Cochin
Caroline Diament
Maureen Dor
Danièle Évenou
Philippe Geluck
Jean-Bernard Hebey
Gérard Hernandez
Lynda Lacoste
Marie Laforêt
Robert Lamoureux
Patrice Leconte
Jean-Luc Lemoine
Élisabeth Lévy
Valérie Mairesse
Isabelle Mergault
Gérard Miller
Isabelle Motrot
Christine Ockrent
Monique Pantel
Stéphane Pocrain
Jacques Ramade
Gilbert Rozon
Pierre Sled
Charlotte de Turckheim
Philippe Vandel
Paul Wermus

Août

J.-B. Hebey : Escalader le Mont-Blanc, c'est le cadeau que je vais me faire pour mes 60 ans.

D. Évenou : Attendez... parce qu'il a pas encore 60 ans ?

*

Steevy : On a été flashés à 167 kilomètres-heure sur l'autoroute.

D. Évenou : Attends, pourquoi « on » ?

Steevy : J'étais avec ma copine.

L. Ruquier : C'est qui, Marta Barrière ? Parce que Marta Barrière, à 167 kilomètres-heure, ça lui refait le lifting !

Steevy : Bonjour Marta, parce qu'elle nous écoute et elle est fidèle.

L. Ruquier : Elle est fidèle, elle peut pas faire autrement...

Steevy : Bon... Donc, j'étais avec mon amie, Carole, elle est très belle, j'ai appris que sa copine la faisait cocue. Donc moi, dans la voiture, j'avais une mission, lui annoncer qu'elle était cocue.

J.-B. Hebey : Maintenant qu'on sait qu'elle est cocue, qu'elle est jolie, on peut avoir son numéro ?

D. Évenou : Mais elle n'aime pas les hommes ! ?

Steevy : Si, ça lui arrive une fois par an.

J.-B. Hebey : Et la prochaine fois, c'est quand ?

L. Ruquier : Non mais, Jean-Bernard ne peut pas participer, c'est limité à 60 !

*

L. Ruquier : C'était le grand retour de Lionel Jospin ce week-end aux universités d'été du PS. Quelle entrée médiatique, tous les photographes étaient là à l'attendre...

P. Sled : En plus, en pull, l'air de rien.

L. Ruquier : Ah oui, l'air de vraiment rien.

J.-B. Hebey : J'ai lu dans le *JDD* qu'il était en jean « bleu ».

I. Mergault : Ben oui, y a des noirs, des blancs.

Steevy : Y a des roses aussi.

L. Ruquier : Ah oui, je vois bien Jospin en jean rose avec des épines au cul !

*

L. Ruquier : Je voudrais vous parler de produits français qui arrivent aux USA et qui font un tabac.

P. Sled : Oui, y a la Vache qui rit.

*

L. Ruquier : Mireille Matthieu a chanté pour la libération de Paris, elle est aujourd'hui une des plus belles voix de la chanson française.

J.-B. Hebey : C'est vrai que, si on compare à Vincent Delerm, c'est la Callas.

L. Ruquier : Vincent Delerm, lui c'est quand il ne chante pas que c'est la libération !

*

Sur les perles de l'émission « Opération Séduction » :

Steevy : Y avait des perles très hard, par exemple : « Le seul moyen que tu auras de te faire exploser le... c'est en allumant la mèche de ton tampon. »

D. Évenou : ... C'est passé sur quelle chaîne, ça ?

Steevy : Je sais pas, on me l'a rapporté.

L. Ruquier : Le tampon ?

*

L. Ruquier : Isabelle Adjani était à Saint-Tropez.

I. Mergault : Avec Jean-Michel Jarre ?

J.-B. Hebey : Ah non, elle n'est plus avec Jean-Michel Jarre.

L. Ruquier : Oui, c'est fini, il est avec qui déjà, maintenant ?

J.-B. Hebey : Anne Parillaud.

L. Ruquier : Ah oui, c'est Nikita alors qu'Adjani, c'est Niquittée !

*

L. Ruquier : Vous avez vu cet homme de 70 ans qui a traversé la Manche à la nage et il détient le record de l'homme le plus âgé ayant traversé la Manche à la nage. Il a effectué la traversée de 35 kilomètres sous la surveillance d'un bateau d'accompagnement. Il ne nageait pas tout seul.

P. Sled : Vaut mieux ! pour faire homologuer un record, on vous attribue un comité de surveillance qui vérifie qu'il n'y a pas de trucage, que le mec n'a pas pied.

I. Mergault : Quand tu traverses la Manche, c'est rare.

L. Ruquier : En plus il est arrivé à Sangatte, on lui a dit *Pas-pied* !

*

L. Ruquier : Ah, voici une erreur que Steevy a commise à propos des 9 octaves que pourraient avoir certains chanteurs dans la voix. Les plus grandes voix lyriques ont un maximum de 15 notes c'est-à-dire un peu plus de 2 octaves et c'est déjà très rare.

C. Diament : Il paraît que Oum Kalsoum en avait beaucoup plus.

L. Ruquier : Ah, moi, dans mon Kalsoum, j'en ai 2, comme tout le monde !

*

L. Ruquier : Victoria Beckham est enceinte. Ils ont décidé du prénom : ce sera « Texto » si c'est un garçon et « Itinéris » si c'est une fille ; c'est une mère portable !

*

L. Ruquier : On parle de supprimer les pièces de 1 et de 2 centimes d'euros.

C. Sarraute : Tu sais que, moi, ça fait déjà très longtemps que je n'accepte plus les pièces en cuivre, je les laisse sur le comptoir.

J.-L. Lemoine : Pourquoi, tu tiens un bureau de tabac maintenant ?

[...]

J. Bonaldi : Claude, est-ce que vous vous souvenez des caramels à 1 centime ?

C. Sarraute : Oui.

J.-L. Lemoine : Forcément, elle en a laissé, des dents !

*

L. Ruquier : Il y a eu la rencontre Tom Cruise-Nicolas Sarkozy hier, et la grosse question que tout le monde se pose, Bercy a tenu à préciser que c'était Tom Cruise qui avait demandé à rencontrer Sarkozy, la question est : Est-ce que ce n'est pas Sarkozy qui a demandé à Tom Cruise de venir le voir ?

J.-L. Lemoine : Écoutez, il était chez moi hier soir et il m'a donné sa version.

L. Ruquier : Oui, quand il est arrivé à Paris, il a dit : « I want to see Nicolas Sarkozy and Jean-Luc Lemoine. »

C. Diament : Il n'a pas dit : « I want to fuck Caroline Diament », par hasard ?

*

L. Ruquier : Qui est allé à Paris-Plage ? Vous y êtes allé, Claude ?

C. Sarraute : Non, et j'essayais de voir, j'habite l'île Saint-Louis, y a plein de ponts et un de ces ponts devait bien donner sur la plage !

L. Ruquier : Ah, avec des jumelles, vous auriez pu mater sur la plage !

I. Alonso : Mais de la fenêtre, tu devais voir quelque chose !

C. Sarraute : Mais non !

L. Ruquier : Non, en revanche, tous ceux qui étaient sur le quai vous voyaient très bien ! En fait, ils venaient pour ça : Claude Sarraute à poil dans sa salle de bains !

*

L. Ruquier : Qu'est-ce qu'ils sont cons, vos ânes, Isabelle Alonso !

I. Alonso : Non, ils sont très gentils, mes ânes !

L. Ruquier : Je ne sais jamais reconnaître lequel est Zizou, lequel est Ali.

I. Alonso : Ali est le plus petit.

L. Ruquier : ... Et Zizou, il est au fond du champ, il ne joue plus !

*

L. Ruquier : 60 ans de mariage, ce sont les noces de quoi, déjà ?

J.-L. Lemoine : De bandelettes !

*

L. Ruquier : Les sangliers sont aux portes de la capitale. Ils seraient près de 15 000 sangliers !

J. Bonaldi : C'est une catastrophe, avec son groin, le sanglier soulève le gazon et ça fait une sorte de taupinière et ça soulève l'herbe.

C. Sarraute : Ils cherchent quoi ?

J. Bonaldi : Des vers.

J.-L. Lemoine : Comme toi, Claude !

C. Sarraute (vexée) **:** Ohhh, Jean-Luc, tu demandes pardon tout de suite, tu me donnes la chair de poule !

L. Ruquier : C'est pas méchant !

C. Sarraute : Tu me vois bouffée par des vers ?

J.-L. Lemoine : Mais non, des verres à boire !

C. Sarraute (soulagée) **:** Ahhhhh.

L. Ruquier (ironique) **:** Ah oui, là, ça va !

[...]

L. Ruquier : Sur votre épitaphe, vous pourrez inscrire : « Encore quelques verres ! »

Septembre

I. Mergault : Je pourrais passer une petite annonce ? Parce que je travaille avec quelqu'un qui fait des collections de sacs à vomir dans les avions.

P. Vandel : Oui, et ce qui est extraordinaire, c'est qu'il y a une marque d'appareils photo qui a fait des sacs à vomir réceptacles de pellicules photo : vous partez en vacances, vous avez fait vos photos, eh bien le sac à vomir, si vous n'avez pas vomi dedans, il sert à développer vos photos, comme ça, vous êtes sûr de les faire développer chez cette marque.

L. Ruquier : Oui, ça donne un bon rendu !

*

L. Ruquier : Un e-mail d'auditeur : Bonjour, je voudrais passer un message à Maureen que je trouve charmante avec son physique d'éternelle adolescente, l'inconscience d'une collégienne fraîchement rentrée en sixième, et son intelligence qui lui permettra sûrement de sauter une classe.

M. Dor : C'est gentil.

L. Ruquier : Et puis sauter une classe entière, c'est un vaste programme !

*

L. Ruquier : Qu'est-ce que vous êtes bien roulée, Isabelle Mergault !

I. Mergault : Ouais, mais j'fais beaucoup de sport et je fais gaffe à ce que je mange...

C. de Turckheim : Eh bien, j'espère, connasse !

*

L. Ruquier : Pour les textos, Isabelle Mergault, vous utilisez l'écriture intuitive ?

I. Mergault : Alors, l'écriture intuitive, c'est de la daube, par exemple tu veux écrire « le », il écrit « je ».

C. de Turckheim : C'est parce que tu zozottes !

*

L. Ruquier : Jaques Douai, qui est décédé, avait chanté « Colchiques dans les prés » ; le titre dans la version allemande est : « HELMUT n'a pas de toilettes ».

P. Cochin : Je ne comprends pas.

L. Ruquier : « KOHL chie que dans les prés » !

*

L. Ruquier : Voilà une nouvelle spécialité laitière qui a l'effet relaxant de la tisane et qui fait aller au lit avec une envie de dormir supplémentaire.

P. Bénichou : Ça m'intéresse autant que les gens chez qui je vais dîner et qui disent à la dernière bouchée de dessert avalée : « Vous voulez une infusion ? » Mais dans ta gueule, l'infusion ! Qui a envie d'une infusion ! Il est 23 h 15, tu te dis « la vie va commencer » et on vous propose une infusion ! Pourquoi pas un pyjama et un bonnet de nuit ? Une infusion ! Sortez plutôt les porte-jarretelles et faites péter le champagne !

*

P. Cochin : À Lourdes, j'ai voulu allumer un cierge...

P. Bénichou : Avec l'eau de Lourdes, on peut prendre des bains de cierge ?

G. Miller : À Lourdes, vous avez remarqué les places de stationnement ? C'est l'inverse des villes habituelles : d'habitude, il y a 1 ou 2 places réservées pour les handicapés, là-bas, ce sont 1 ou 2 places pour ceux qui ne le sont pas.

*

G. Miller : Jack Lang a toutes les chances de devenir président. Pour le connaître un petit peu, je témoigne du fait qu'il est populaire dans toutes les catégories sociales et toutes les tranches d'âge.

P. Bénichou : Absolument, il a tout pour lui, le seul truc, c'est d'avoir Miller dans son équipe !

*

L. Ruquier : Les premiers touristes chinois sont en ce moment à Paris.

I. Motrot : Vous voulez dire que tous les Chinois qu'on a vus jusque-là, c'étaient des Japonais, alors ?

*

L. Ruquier : La Star Ac 4 : le gros suspens, c'est triste à dire, mais on aura la réponse ce soir, c'est qu'on murmure qu'il y aurait un des futurs élèves de la Star Ac qui serait atteint de mucoviscidose.

C. Alévêque : Les autres, c'est la trisomie 21 !

I. Motrot : Ce que je trouve terrible, c'est que, quand on n'aime pas un programme et que ce programme marche comme la Star Ac, on est obligé quand même de suivre, de savoir, d'être au courant.

P. Bénichou : Pourquoi tu dis « on est obligé » sans faire la liaison ? tu fais pas la liaison, toi ? En même temps, je réagis là-dessus, parce que je voulais prendre ce qu'il y avait de plus intéressant dans ce que tu disais !

*

L. Ruquier : Je suis Poisson ascendant Bélier et savoir que les extraterrestres pourraient être situés entre la constellation du Poisson et du Bélier, ça me fait plaisir, je me dis que, peut-être, je descends d'un extraterrestre !

C. Alévêque : Ah, ce serait ça, les grosses joues, alors ?

L. Ruquier : Oui, ça rappelle les fesses de votre femme, connard !

C. Alévêque : Oh, tu peux y aller !

L. Ruquier : Ah bon, à quelle heure ?

*

P. Bénichou : Oui, soixante ans, ça peut faire trois siècles ! Ça dépend de la longueur des siècles !

P. Alfonsi : Il a raison, c'est vrai qu'il y en a qui sont très longs à tirer, par exemple le xxe siècle a été long à tirer !

P. Bénichou : Et encore, tu connais pas Monique !

*

L. Ruquier : Y a un contentieux entre Sarkozy et Villepin ; il paraîtrait que Sarkozy aurait été à l'origine d'un contrôle fiscal du père de Dominique de Villepin.

I. Motrot : Alors, ce n'est pas un contentieux, c'est un compte en Suisse !

*

L. Ruquier : Un e-mail pour Isabelle Mergault, Jean-Michel qui dit : « J'ai 50 % de chances de sortir avec elle. »

I. Mergault : Pourquoi ?

L. Ruquier : Il dit : « Parce que moi, j'veux bien ! »

*

L. Ruquier : Vos scooters pliables qu'on peut ranger dans les coffres des voitures, c'est bien, mais est-ce qu'il ne faut quand même pas avoir un grand coffre de voiture pour pouvoir y faire rentrer un scoot ?

Invité au téléphone : Non, non, non, même dans un petit coffre.

L. Ruquier : Remarquez, l'abbé Cottard aussi, il pouvait réussir à faire rentrer un scout dans son coffre !

*

C. Ockrent : Aujourd'hui, Steevy a la chemise de BHL.

L. Ruquier : Oui, avec les seins d'Arielle Dombasle !

*

Steevy (en se servant de l'eau) **:** Je vais m'hydrater.

L. Ruquier : On peut savoir où ?

Steevy : J'ai pas dit dilater ! j'ai dit hydrater !

*

P. Geluck : Ah bon, on nous voit sur la webcam ? Donc on voit notre tonsure à Gérard Miller et à moi, donc on peut s'imaginer que je suis chauve ?

J.-B. Hebey : C'est-à-dire quand vous vous mettez tous les deux côte à côte, on pourrait croire qu'il y a la poitrine de Caroline Diament.

P. Geluck : J'ignorais qu'elle était poilue à ce point !

*

L. Ruquier : L'ex-conseiller du Premier ministre a été condamné à 1 500 euros d'amende pour avoir fait monter une prostitué roumaine dans sa voiture. Il ne s'est pas rendu au procès, il avait une bonne excuse : il est revenu à son premier métier de producteur et c'était hier la première de l'émission de télé qu'il produit, et là, ça ne s'invente pas, le titre de l'émission, c'est « J'y vais, j'y vais pas » ; on a envie d'ajouter « aux putes ! ».

P. Geluck : L'argument avancé par l'avocat d'Ambiel est intéressant et on en a peut-être parlé dans la presse, c'est qu'on sait que certaines jeunes filles roumaines nettoient bien les pare-brise toujours à l'extérieur de la voiture, peut-être lui demandait-elle de nettoyer l'intérieur de la voiture. On ne pense jamais qu'un pare-brise doit être propre des deux côtés !

*

G. Miller : Mme Raffarin est une femme discrète et très charmante.

L. Ruquier : Ah oui, vous l'avez rencontrée déjà ?

G. Miller : Oui, je l'ai rencontrée dans une soirée, dans le privé.

L. Ruquier : Un club échangiste ?

Steevy : Je sais pas si elle y gagnerait au change !

*

L. Ruquier : Ils ont mis un nouveau journaliste sur France 2 à 13 heures : Christophe Hondelatte termine son journal par « d'ici là, gardez la pêche, au revoir ». Ça, c'est la première fois qu'un journaliste dit ça à la fin d'un journal !

G. Miller : Ça nous change de Bruno Masure qui disait : « À la Saint-Émile, j't'enfile ! »

*

L. Ruquier : Les Français vont jouer contre les îles Féroé. Et alors il faut savoir qu'il y a 70 000 moutons sur l'île pour 46 000 habitants. Il paraît que, le soir, les moutons comptent les habitants pour s'endormir.

[...]

P. Geluck : Est-ce que vous savez si la Pentecôte est un jour Féroé ?

*

L. Ruquier : Votre parc d'attractions au Mexique, essayez qu'il soit attractif, Christine !

C. Bravo : Mais il est attractif !

I. Mergault : Ben oui, t'as qu'à mettre des jolies filles à l'entrée du parc !

C. Bravo : C'est-à-dire, chez les Mayas, les jolies filles... tu vois...

L. Ruquier : Oui, les Mayas n'ont pas forcément une taille de guêpe !

*

L. Ruquier : Allez, parlons de l'actualité automobile, il y a quand même trois garçons en face de moi que ça peut intéresser.

I. Mergault : Mais moi aussi, ça m'intéresse, qu'est-ce que ça veut dire ?

L. Ruquier : J'ai vu votre voiture, Isabelle, on ne peut pas dire que vous soyez vraiment intéressée par l'automobile !

I. Mergault : Ça ne veut rien dire, je suis intéressée par les mecs et vous verriez mon mec !

*

C. Bravo : Quand je suis bourrée, je prends ma voiture parce que, quand je suis bourrée, j'arrive pas à marcher droit !

*

C. Bravo : La phrase du directeur de TF1, Patrick Lelay : « C'est du temps de cerveau humain disponible », ça, je ne comprends pas...

L. Ruquier : Non, ça, forcément, vous ne pouvez pas !

[...]

L. Ruquier : On peut dire que Lelay a un peu débordé !

*

L. Ruquier : Grâce à l'alcoolette, en tapant votre poids, votre sexe, le nombre de verres bus, on peut savoir aussitôt la durée d'attente que vous devez respecter avant de reprendre la route.

J.-L. Lemoine : T'imagines, pour Christine Bravo : « Vous devez attendre deux ans. »

*

P. Leconte : On m'a raconté une histoire épouvantable : Hergé et sa femme ont adopté un enfant, il ne leur a pas plu, alors ils l'ont rendu.

L. Ruquier : Le mec croyait être adopté... et tintin !

C. de Turckheim : C'est vrai ?

L. Ruquier : On le sait par les RG.

P. Leconte : Ils n'ont pas trouvé le fils *ad hoc.*

*

L. Ruquier : Philippe Alfonsi et Sophie Garel, un couple parfait, on vous marierait !

S. Garel : Ben oui, il suffirait qu'il dise oui !

P. Bénichou : Et puis vous êtes tous les deux si bien coiffés.

L. Ruquier : On dirait la une de *Notre temps.*

*

L. Ruquier : Maintenant, on peut acheter de la lingerie mangeable.

P. Bénichou : Un type rentre chez lui : « Ah merde, encore un soutien-gorge ce soir ! »

*

P. Bénichou : Un traiteur, c'est jamais qu'un charcutier qui s'est pris pour Messier !

*

P. Bénichou : À quelques jours de ma première au théâtre, les gens me disent : Tu as le trac ? tu as le trac ? Je dis : « Pas du tout... j'ai peur ! »

*

L. Ruquier : Après avoir interdit les distributeurs de confiseries, on veut interdire les distributeurs de fruits dans les écoles. On veut supprimer les collations.

P. Bénichou : Mais on a besoin d'une collation, c'est évident quand on est le fils d'un notaire et qu'on habite en province, on mange un vrai petit déj, après ça on rentre à midi, y a un plat avec un hors-d'œuvre, trois légumes, un morceau de viande... Mais quand on est comme moi, un gosse de la rue, j'arrive le matin, ma mère vient de rentrer du cabaret, il est 7 heures, elle me jette un biscuit que je trempe dans l'eau, j'arrive à l'école, si j'ai pas mon distributeur qui me donne un Bounty, je tombe. Alors, c'qui faudrait, c'est réformer la société tu vois, parce que vous, les bourgeois, vous mangez plein de repas avec vos pères et vos mères, après vous les égorgez sauvagement parce que vous ne pouvez plus voir leurs gueules, mais, nous, gosses de la rue, qu'est-ce qu'on mange ? Remarquez, les fruits, c'est pas bon, ça coule... de temps en temps, à la limite, une poire Belle-Hélène... mais les fruits, c'est d'un ennui... il faut les éplucher. Le fruit, c'est la chose la plus décevante au monde. Je suis pour la suppression des fruits, des paysans, des chiens et garder pour se souvenir de l'espèce animale... juste un loup ! Mais un seul suffit, pas besoin d'en avoir quatre !

I. Alonso : Pierre, tu as inventé la brève de comptoir kilométrique !

*

L. Ruquier : J'prends jamais l'ascenseur à Europe 1, on pourrait tomber sur un animateur.

P. Bénichou : Quand les entreprises prennent de l'essor comme au *Nouvel Obs*, beaucoup de gens ne se connaissent plus. J'prenais l'ascenseur avec mon patron Jean Daniel et y a un groupe de trois jeunes filles qui sont entrées dans l'ascenseur et qui n'ont pas dit « bonjour », qui nous ont regardés comme ça. Et Jean Daniel me dit : « C'est fou l'évolution, avant y avait des gens qu'on ne connaissait pas, on se disait, c'est normal... maintenant, y a des gens qui ne nous connaissent pas... »

*

L. Ruquier : Le chien d'Isabelle Mergault a empêché Christine Ockrent de s'asseoir à ses côtés.

I. Mergault : Vous l'avez regardé avec un air méprisant !

C. Ockrent : Mais est-ce qu'il comprend quand on lui parle ?

I. Mergault : Il comprend tout, madame...

C. Ockrent : Même vous ?

[...]

M. Dor : Moi, j'ai eu un jack russel qui tremblait beaucoup et on m'a dit que c'est un signe que le chien est de race pure.

I. Mergault : Ben oui, regardez le pape, c'est un pur Polonais !

*

M. Dor : Christine Ockrent, ça vous fait quoi d'être dans une émission d'humour ?

C. Ockrent : C'est formidable, c'est très flatteur pour moi... c'est beaucoup plus difficile de faire rire que d'être sérieux.

M. Dor : Quoi ? A priori, j'essaie plutôt de faire rire que d'être sérieuse...

I. Mergault : Non, t'essayes d'être sérieuse et c'est ça qui fait rire !

*

C. Ockrent : Et quand on est sourd d'une oreille, on appelle ça comment ?

J.-B. Hebey : On n'est plus en stéréo.

L. Ruquier : C'est bien pour ça que Jacques Chirac, qui est sourd d'une oreille, a pris M. *Monod* comme conseiller.

*

L. Ruquier : On les cultive comment, les cornichons ?

M. Dor : Je me rends compte que je ne sais pas à quoi ça ressemble, un cornichon dans la nature !

L. Ruquier : Prenez un miroir !

*

L. Ruquier : C'est une journaliste qui pose des questions sur le bien connaître et bien déguster le vin par exemple, faut-il ouvrir avant une bouteille ?

I. Mergault : Oui... si vous n'ouvrez pas avant, vous ne pouvez pas le boire.

*

G. Miller : Alors, Steevy, depuis que vous dînez avec Marta Barrière, vous connaissez les règles du savoir-manger : quel morceau de pain tu dois prendre, celui de gauche ou de droite ?

Steevy : Celui qui est à gauche.

J. Bonaldi : Le couteau est à droite ou à gauche ?

Steevy : À droite.

L. Ruquier : Attends, ce qui nous intéresse, le sac à main de Marta Barrière, il est posé à droite ou à gauche ?

*

Steevy : Arrêtez de m'embêter avec Marta Barrière, moi, j'ai mon timbre à mon effigie.

L. Ruquier : Ils font les mêmes avec Marta Barrière, comme ça, ils retrouvent des dents autour !

*

Steevy (s'adressant à Dérec) **:** J'y crois pas, t'as piqué un stylo de l'hôtel Mercure pendant la tournée !

L. Ruquier : Il prend un stylo mercure parce qu'il prend sa température avec !

*

Steevy : J'ai failli tomber à cause d'un lièvre le week-end dernier. Je cherchais des champignons, des cèpes et...

L. Ruquier : Et vous étiez en levrette ?

Steevy : Oh my god ! non mais... j'étais en train de couper mes champignons...

L. Ruquier : Faut vous laver plus souvent !

Steevy : ... Et sans faire exprès, j'me suis coupé avec le couteau, et alors qu'est-ce qu'on fait pour se désinfecter ? J'me suis fait pipi sur le doigt, et qui me frôle ?

C. Diament : Marta Barrière ?

Steevy : Non, un lièvre !

L. Ruquier : Y a des nouveaux déguisements au Queen ? Un type déguisé en gros lapin rose...

*

Steevy : Ah, le coup de foudre, j'vais vous expliquer... les yeux te transpercent, l'odeur corporelle est incroyable, l'odeur ça te donne des frissons partout, la boule au ventre, tu te mets à pleurer, c'est le coup de foudre !

G. Miller : Ou la fièvre aphteuse !

C. Diament : Mais ce garçon est habité.

L. Ruquier : En un seul mot ?

*

L. Ruquier : Péri a raconté sa visite à la halle aux chaussures comme si elle faisait un safari. Elle a vu des mocassins ! Mais on ne peut pas lui reprocher, pour elle, c'était exotique !

P. Cochin : Mais au même titre, on avait raconté que j'étais à Lourdes et c'était exotique aussi et il y a des milliers de gens qui vont à Lourdes !

P. Sled : Pour trouver des pompes, je sais pas !

L. Ruquier : Ils en ont plus besoin, à Lourdes, t'y vas, tu reviens avec des chaussures neuves, c'est déjà un miracle !

*

P. Sled : J'ai fêté mes treize ans de mariage hier.

L. Ruquier : Avec Mlle Davant ?

P. Sled : Enfin, c'est plus Mlle Davant maintenant.

L. Ruquier : C'est Mme Daprès ?

*

L. Ruquier : En douze ans de vie commune, vous n'avez jamais entendu votre mari lâcher un petit pet ?

C. Diament : Jamais.

P. Cochin : Mais c'est pas possible, ou alors t'es sourde ! c'est pas possible.

C. Diament : J'suis sourde, mais j'ai pas le nez bouché !

P. Sled : En tout cas, on sait maintenant que, dans le 16e, on pète aussi !

L. Ruquier : Oui, Guillaume (mari de Péri), on te salue ! C'est pour les collègues de votre mari qui écoutent peut-être...

C. Diament : Je suis désolé mais, dans un couple, il faut montrer le meilleur de soi.

P. Sled : On peut aussi faire des concours !

J.-L. Lemoine : Ah, je comprends pourquoi leur mariage a duré chez Pierre Sled, ils font des concours, c'est l'émission des records tous les soirs !

L. Ruquier : Non mais, Caroline, en douze ans, c'est jamais arrivé ?

J.-L. Lemoine : Non, mais ils font chambres séparées aussi.

C. Diament : J'aimerais beaucoup faire chambre séparée.

L. Ruquier : Oui, comme ça, chacun pète dans son coin !

J.-L. Lemoine : Et les noces de diamant, c'est quand ?

L. Ruquier : C'est soixante ans de mariage, y a du chemin, le mari de Caroline peut craquer avant ça !

P. Sled : Oui, juste pour signaler sa présence !

P. Cochin : Oui, ben moi, je dis que je pète, j'ai rien à cacher !

P. Sled : Dans le 16e, ça s'appelle un périphénomène.

P. Cochin : Mais je n'habite pas dans le 16e !

L. Ruquier : Mais ça se sent d'ici !

*

L. Ruquier : Quatre-vingts ans de mariage, ce sont les noces de chêne, dis donc, quand t'arrives aux noces de chêne...

C. Diament : T'es dedans en général, dans le chêne !

*

L. Ruquier : Y a déjà des affiches de la pièce partout dans Paris. Ça vous fait quoi de voir votre nom sur les affiches, Pierre ?

P. Bénichou : Moi, j'me dis : Pourquoi ils ont pas mis ma photo, ces cons ?

*

L. Ruquier : Pour les vendanges du quartier Montaigne, toutes les boutiques luxueuses ont mis des tentes devant leur boutique. D'habitude... elles sont à l'intérieur !

*

L. Ruquier : Comment il va, Clinton, depuis son pontage ?

C. Alévêque : Il va mieux que Reagan !

*

P. Bénichou : Le tout petit verre à boire s'appelle la mominette, après, on a le verre moyen, le normal qui s'appelle le ballon puis le grand verre.

P. Vandel : Il s'appelle comment le grand verre, c'est quoi le nom savant ?

C. Alévêque : Noël Mamère !

*

P. Bénichou : C'est loin l'Australie, comment j'vais faire pour faire ma demande à vos parents ?

L. Lacoste : Vingt-quatre heures d'avion jusqu'à Melbourne, c'est pas si loin.

L. Ruquier : Bienvenue à Melbourne, voici les miennes !

*

L. Ruquier : Voilà donc un concert de clarinette organisé sur le Mont-Blanc ce soir.

P. Bénichou : Quand on a deux passions comme la clarinette et l'alpinisme, c'est moins embêtant que si on a deux passions qui sont l'alcool et la vitesse par exemple !

*

L. Ruquier : On fait rentrer Arielle Dombasle au musée Grévin.

S. Garel : Ça va coûter cher ?

L. Ruquier : Non, elle est déjà en cire !

*

L. Ruquier : Charles Pasqua... un homme qui a tant fait pour le Pernod Ricard... d'ailleurs on devrait faire comme le Pernod... le noyer !

*

L. Ruquier : Les jeux Paraolympiques ont lieu en ce moment à Athènes. Il y a de nouvelles disciplines comme le foot à 5 Déficient Visuel... et on devrait être très fort car on a engagé des joueurs du PSG !

P. Geluck : Non, mais y a des sujets sur lesquels on ne peut pas rire... le judo en fauteuil roulant par exemple !

L. Ruquier : Ou le tir au fusil pour non-voyant... c'est dangereux.

P. Geluck : Le lancer du javelot pour manchot !

I. Motrot : Mais vous ne pouvez pas vous en empêcher ?

L. Ruquier : C'est l'occasion d'en parler... on n'est pas hypocrite, voilà !

P. Geluck : Et le jour où on mettra des commentateurs muets pour commenter les matchs, peut-être qu'on en parlera un peu plus !

*

L. Ruquier : À Madrid, le réceptionniste de l'hôtel photographiait les femmes nues dans leur chambre, une cliente l'a dénoncé après avoir aperçu l'éclair du flash pendant qu'elle prenait sa douche. En fait, ce réceptionniste avait percé des orifices dans les cloisons des chambres à partir du couloir de l'hôtel au niveau des salles de bains.

C. Bravo : Ce sont des gros trous alors ?

C. Diament : Ben pourquoi, c'est pas forcément moi qui suis chaque fois de l'autre côté du mur !

J.-B. Hebey : Peut-être qu'il y a des micros aussi ?

L. Ruquier : Ah, les micros, ça doit être intéressant pour savoir ce qui se passe la nuit !

C. Bravo : T'as pas besoin de micros, les cloisons sont fines... t'entends.

L. Ruquier : Les cloisons sont fines dans les hôtels, ça dépend quels hôtels vous fréquentez, je n'ai jamais entendu quoi que ce soit dans les chambres d'à côté...

C. Bravo : Enfin moi, ils m'ont entendue en tout cas !

L. Ruquier : Vous êtes bruyants à ce point !

C. Bravo : C'est que les lits sont parfois très près de la cloison.

J.-B. Hebey : Tu veux dire que c'est la tête qui cogne ?

L. Ruquier : Non, mais quand même, vous êtes silencieuse, Christine, quand vous faites l'amour, y a bien un moment où vous êtes silencieuse, merde !

C. Bravo : Quand j'ai la bouche pleine !

*

C. Diament (suite à un e-mail) **:** On est blonde, moche avec un gros cul, et alors ?

C. Bravo : Oh, dis donc, parle pour toi !

J.-B. Hebey (à Bravo) **:** Pourquoi, t'es pas blonde ?

*

L. Ruquier : C'est sympathique, Philippe Geluck, de voir que votre DVD est sorti chez TF1 Vidéo... il ne manque plus que le logo RTL tant que vous y êtes !

P. Geluck : Ce n'est pas moi, je ne suis pas le producteur et il a choisi TF1 !

L. Ruquier : C'est normal que le chat soit attiré par Lelay !

*

M. Dor : Christine, on vous appelle souvent Cricri ?

Steevy : À la rigueur, on l'appelle Mamie, mais pas Cricri...

(Un Ohhhhhhhh général.)

Steevy : Ben, ses petits-enfants, quoi !

C. Ockrent : Mais je n'ai pas de petits-enfants.

Steevy : Non, mais faut pas mal le prendre... j'pensais vraiment que... enfin... les personne âgées... oh non... je m'enfonce... je m'excuse... je n'ai pas voulu dire vieille dame... la prochaine fois, je viens avec un bouquet de roses pour me faire pardonner.

P. Geluck : Fais gaffe à combien tu vas en mettre !

L. Ruquier : J'connais bien Christine, et vous allez en baver jusqu'à 18 heures !

C. Ockrent : Ah non, pendant beaucoup d'années... enfin... les années qui me restent, bien sûr !

*

M. Dor : On est quand même trois Belges à table avec Geluck et Ockrent !

V. Mairesse : Et moi, j'suis très impliquée en Belgique aussi.

L. Ruquier : Et puis Steevy est sympathisant !

*

L. Ruquier : Vous vous rasez sous la douche, Steevy ?

Steevy : Oui, puisque j'ai installé une petite glace dans ma douche avec un petit fauteuil.

P. Geluck : Il confond avec les chiottes !

[...]

Steevy : J'me rase sous la douche, les aisselles, la barbe... tout, quoi.

M. Dor : Tu te rases sous les aisselles, toi ?

Steevy : Ben, t'es à la masse ou quoi ? Les trois quarts des hommes se rasent les aisselles maintenant.

L. Ruquier : J'me rase pas les aisselles !

P. Geluck : Quand Jean-Paul Belmondo lève un bras, il a aussi une touffe de poils, mais c'est un chien en général !

*

L. Ruquier : Britney Spears s'est mariée à Los Angeles. Les tourtereaux ont pris tous leurs repas à l'intérieur de leur chambre. Il y avait quinze invités nourris d'ailes de poulet et de hamburgers... Faut dire qu'ils se sont séparés le lendemain, c'était un mariage Quick !

*

L. Ruquier : Il y a eu une beuverie à la Star Ac. Les élèves étaient tous pétés, proches du malaise.

S. Pocrain : C'est assez normal, si j'avais Gérard Louvin comme directeur, moi aussi je boirais !

*

L. Ruquier : Vous, qu'est-ce que vous feriez si vous deviez mourir demain, Isabelle Mergault ?

I. Mergault : Ben moi, j'finirais mes mots fléchés !

*

J. Bonaldi : Mon problème... j'ai une maison de campagne, est-ce que je vais payer deux fois la redevance télé ?

L. Ruquier : Non, une seule fois.

J. Bonaldi : Alors, mon problème, c'est que, dans ma maison de campagne, habite ma belle-mère, est-ce qu'elle doit payer la redevance ?

L. Ruquier : Non... supprimez la télé et regardez votre belle-mère !

*

L. Ruquier : Ah, je savais pas qu'André Castelot était décédé cet été.

P. Cochin : Je savais pas qu'il existait... c'est qui ?

I. Mergault : Oh, c'est un historien célèbre... (en montrant son doigt), il faisait toujours ça avec son doigt.

L. Ruquier : Ah non, ça, c'est Alain Decaux !

I. Mergault : Oh, il a dû le faire une fois quand même !

*

L. Ruquier : Deux voleurs ont prélevé de la viande sur un animal mort.

I. Mergault : Mais on mange toujours de la viande sur un animal mort... c'est rare qu'on croque dans une vache vivante !

*

C. Alévêque : Ça m'a toujours fait rire que Mitterrand soit né à *Jarnac*... c'était écrit dès le départ et on ne l'a pas vu !

*

L. Ruquier : C'est pas son nom, Véronèse ?

S. Garel : Non, il s'appelait Véronèse parce qu'il est né à Vérone. C'est comme Léonard de Vinci, il est né à Vinci...

L. Ruquier : Ah bon ? Je savais pas... et le Tintoret, pourquoi il s'appelle comme ça ?

S. Garel : Parce que je crois que son père était teinturier.

L. Ruquier : Ah oui ? et le Titien, c'est parce qu'il venait de la SPA ?

*

L. Ruquier : Le fils de Kadhafi s'est fait choper à 140 kilomètres-heure sur les Champs-Élysées.

Steevy : Mais il va se faire engueuler par son père !

L. Ruquier : C'est vrai, le père va être au courant. C'est écrit dans les journaux et le colonel *lit bien* !

*

L. Ruquier : Vous êtes la seule femme aujourd'hui, Caroline Diament.

C. Diament : C'est drôle parce que la seule femme qui est autour de cette table, on peut pas dire que j'ai une voix féminine donc c'est vrai que c'est rigolo, ça fera que des voix graves aujourd'hui.

P. Geluck : Non, mais vous n'êtes pas si grosse que ça... Pourquoi vous dites que vous êtes « autour de cette table » ?

*

L. Ruquier : Steevy, je suis sûr que vous recevez bien.

Steevy : Ah oui, moi je reçois avec un service en porcelaine que je ne peux même pas mettre dans le lave-vaisselle.

P. Geluck : Quoi ? Tu le jettes chaque fois ?

Steevy : Non, tu rigoles, c'est un service peint à la main en or et platine. Moi, c'est vrai que je n'aime pas faire la cuisine mais quand je reçois... je reçois !

L. Ruquier : Ça va en faire rêver certains !

P. Geluck : Steevy, vous ne voulez pas sourire ? Regardez, il nous fait une risette du Mans !

L. Ruquier : Alors donc, vous avez un service en porcelaine et puis après, alors ?

Steevy : J'ai voulu acheter des verres mais c'était un peu cher, c'était 89 euros le verre. Ce sont les plus beaux qui iraient avec mon service mais je vais attendre Noël, je vais me les faire offrir. C'est du cristal mais les verres sont taillés dans un bloc de cristal.

L. Ruquier : Oui, c'est un verre de cristal, quoi.

Steevy : Non, tout est sculpté.

P. Geluck : Attends, excuse-moi mais comment ils font quand ils taillent des verres dans un bloc de cristal ? Tu peux graver pour le décorer mais ce n'est pas comme dans un bloc de granit... ça coûte cher, tu imagines, un verre de cristal de 50 cm^3. Il prend son marteau et son burin. C'est sur la fin qu'il doit faire très gaffe parce qu'on connaît la finesse du cristal et les derniers coups de marteau sont les plus délicats !

*

Steevy : Moi, le jour où je vais mourir, vous croyez que je vais faire la une de *Paris Match* ?

G. Rozon : La meilleure chose, c'est d'essayer !

*

L. Ruquier : Vous êtes méchant avec Steevy.

Steevy : Moi, je suis naïf et je trouve ça bien d'être naïf.

G. Rozon : T'as pas le choix, de toute façon !

*

L. Ruquier : Oprah Winfrey a offert une voiture aux 276 spectateurs venus assister à l'une de ses émissions. De fait, 276 véhicules d'une valeur de 23 000 euros attendaient les spectateurs à la sortie de l'émission sur un parking.

G. Rozon : Il paraît que c'était un bordel incroyable dans le parking... y avait 276 personnes avec des clefs qui cherchaient leur bagnole !

*

L. Ruquier : Un e-mail d'auditeur : j'entends que Marie Laforêt fait partie de votre équipe, hélas ce jour-là, il n'y avait pas de webcam, je n'ai pas pu la voir.

C. Bravo : Mais elle est où ?

L. Ruquier : La webcam est là, vous pouvez voir Marie Laforêt maintenant sur Internet.

J.-L. Lemoine : Non, mais Christine Bravo ne demandait pas où était la webcam, elle demandait où était Marie Laforêt !

*

L. Ruquier : Bertrand Cantat est rentré en France en avion avec Lituanian Airlines... ce qui est courageux.

Marie Laforêt : C'était ça ou la peine de mort !

*

C. Bravo : Alors pour l'araignée... le mâle a vachement les pépètes de se faire bouffer par la femelle, donc il va chercher une petite mouche, il l'emballe avec de la soie, il lui donne sa petite mouche et pendant que maman elle défait la petite mouche, monsieur l'attrape par-derrière.

J.-L. Lemoine : Ben, c'est pareil pour nous avec les filles, quand on leur offre un bouquet de fleurs !

*

C. Bravo : J'ai moins mal à ma pas-dent.

L. Ruquier : Ah, c'est une dent qui vous fait mal ?

C. Bravo : Non, c'est ma pas-dent, justement.

L. Ruquier : Mais pourquoi, il vous manque une dent ? C'est pas possible d'avoir mal à une dent qui manque !

I. Alonso : Parfois elle a bien mal à la tête !

*

C. Bravo : Mais non, j'emploie personne au noir, c'est pas vrai, c'est moi qui fais mon ménage.

L. Ruquier : Vous devriez dire : « C'est moi qui fais pas mon ménage ! »

J.-L. Lemoine : À mon avis, elle fait pas du tout le ménage... c'est pour ça qu'elle s'y connaît en insectes !

*

L. Ruquier : C'est comment les nouveaux camping-cars, Jérôme ?

J. Bonaldi : Alors y a un four, un congélateur, un vrai lit...

L. Ruquier : J'ai vu qu'il y en a où il y a un accès à Internet sans fil.

I. Alonso : Ben heureusement, s'il avait un fil, ce serait con !

*

L. Ruquier : Philippe Vandel se balade braguette ouverte dans les soirées branchées, j'ai vu ça dans le journal.

P. Vandel : Oh, elle n'est pas extrêmement ouverte, ma braguette.

I. Mergault : Ça suffisait pour laisser dépasser ce qu'il y a !

*

C. Sarraute (choquée) **:** Oh, Laurent, tu dis des choses...

L. Ruquier : Comment ça, je dis des choses ?

P. Vandel : C'est la première fois que j'entends Claude choquée !

L. Ruquier : Elle vient d'acheter un sonotone, c'est pas possible : c'est la première fois que vous nous entendez ou quoi ?

C. Sarraute : Non, mais c'est la première fois que je comprends !

*

L. Ruquier : Claude, vous l'avez rencontrée, Françoise Sagan ?

C. Sarraute : Non.

L. Ruquier : C'est curieux, comment ça se fait ?

C. Sarraute : Jamais, jamais... ça s'est pas trouvé.

L. Ruquier : Ben tant pis, alors... racontez-nous la fois où vous ne l'avez pas rencontrée !

*

L. Ruquier : Stef de Monaco se sépare de son mari, l'acrobate portugais... c'est pas sympa de laisser tomber un acrobate comme elle vient de le faire !

*

L. Ruquier : Isabelle Mergault, vous avez été en pensionnat, vous aussi ?

I. Mergault : Ah oui, j'ai été virée vachement souvent... et une fois, j'ai été virée et ça, c'était injuste. J'étais chez les bonnes sœurs et je rentrais dans la salle des professeurs où il y avait normalement toujours plein de bonnes sœurs. Y avait une mère, Mère Hélène, et elle était baissée en train de chercher quelque chose, et moi j'avais tellement l'habitude qu'il y ait plein de mères et de sœurs, je rentre et je dis « Bonjour, mes mères » alors qu'elle était toute seule. Elle a cru que j'avais dit « Bonjour, mémère », et j'ai été viré à cause de ça et j'ai trouvé ça tellement injuste... après j'ai bu.

*

L. Ruquier : Les animaux sont très sensibles, quand on est blessé, ils viennent souvent lécher la blessure.

Marie Laforêt : Moi, mon chien est un grand docteur. Par exemple, il détecte les champignons des pieds et il les soigne.

I. Mergault : Tu te fais lécher les pieds ?

C. Alévêque : Et pour les hémorroïdes, alors ?

Octobre

I. Motrot : Je déteste Titeuf, on donne ça aux gamins et je trouve que c'est un état d'esprit assez malsain. Par exemple, Titeuf adore regarder sous les jupes de la maîtresse, sauf qu'il a 5 ans.

L. Ruquier : Moi, ça a été mon problème, j'ai eu un instituteur !

*

L. Ruquier : Vous, Sophie Garel, vous le conseillez, ce livre ?

S. Garel : Oui, absolument.

M. Dor : Pas à tous les lecteurs ?

S. Garel : Mais attends, je ne connais pas tout le monde, j'le conseille, j'le conseille !

*

L. Ruquier : Mais, Pierre, vous n'êtes pas content de faire rire une salle entière pendant une heure trente ?

P. Bénichou : Oui, mais y en a d'autres sur scène avec moi, c'est pour ça que je ne vais pas tarder à faire du One Man Show !

*

P. Bénichou : Ah, la « Nuit blanche » organisée par la mairie de Paris !... J'ai une formule qui est de mon ami Jean Castel, on lui disait : « Mais pourquoi t'as choisi la nuit ? », il avait dit : « Parce que les cons dorment. » C'est donc pas au moment où les cons sont réveillés que je vais rester la nuit dans Paris !

*

L. Ruquier : J'ai suivi le Grand Prix de l'Arc de triomphe qui est aussi le prix Lucien-Barrière, alors j'me disais : tiens, on va voir Steevy avec un chapeau aux côtés de Marta Barrière.

P. Bénichou : Chhhuuuuut... ne prononce pas « Lucien » devant lui... elle lui a dit qu'il était le premier.

*

L. Ruquier : Bientôt les fumeurs seront interdits dans certains restos et bars.

Steevy : À mon avis, y aura pas beaucoup de bars non fumeurs parce qu'ils iront vite perdre de la clientèle.

S. Pocrain : Ils en gagneront d'autres.

P. Bénichou : Comme chacun sait, les non-fumeurs sont des sorteurs... des déconneurs ! je vois bien arriver des groupes de non-fumeurs avec des serpentins...

*

Steevy : L'émission « Queer », c'est 5 gays qui relookent un hétéro.

P. Bénichou : Ils reluquent un hétéro ?

I. Mergault : Non, mais Évelyne Thomas, elle avait fait une émission comme ça, déjà.

Steevy : Non, mais ça c'est « C'est mon choix », c'était nul.

P. Bénichou : Moi je trouve, c'est pas politiquement correct ce que je vais dire, mais le scoop, ce serait vraiment une émission de télé sans fiottes !

*

L. Ruquier : Chez vous, Péri, vous aimez que les gens boivent un petit peu ?

P. Cochin : Oui, moi j'trouve que c'est sympa... c'est vrai que je pousse un peu à l'alcool mais ça met une bonne ambiance.

L. Ruquier : À 19 heures on prend l'apéro, à 22 heures on prend la Péri !

*

L. Ruquier : À propos du calendrier dans lequel les chroniqueurs pourraient poser nus, un auditeur propose de faire un calendrier pour les filles et un autre pour les garçons. Alors, il se dit qu'il aimerait bien voir Steevy aussi, mais il ne sait pas s'il le met avec les filles ou avec les garçons... alors je lui réponds que, oui, Steevy sera sur un calendrier, mais on attend pour ça une année bisexuelle !

*

C. Sarraute : Aujourd'hui, ce sont des voitures complètement informatisées, il n'y a pas un garagiste qui soulève le capot et qui est capable de comprendre ce qui se passe dedans.

L. Ruquier : Moi, ma voiture, maintenant quand elle est en panne, je l'amène directement chez Bill Gates !

*

L. Ruquier : Ah tiens, Léonardo DiCaprio est libre, il a quitté son mannequin.

C. Bravo : Non, c'est elle qui l'a quitté !

L. Ruquier : Ah, vous êtes plus au courant que moi alors, et pourquoi elle l'a quitté ?

C. Bravo : Parce qu'il ne voulait pas l'épouser.

J.-B. Hebey : Elle est pas mal Gisele Bundchen, et elle a dit qu'elle en a marre parce que...

L. Ruquier : Parce qu'elle voulait changer de nom et je la comprends !

*

L. Ruquier : Trois régions sont touchées par la gastro-entérite et c'est pas de bol pour J.P. Raffarin, la première région, c'est le Poitou-Charentes.

J.-B. Hebey : C'est normal, là-bas, la chiasse est ouverte !

L. Ruquier : Il y a 508 cas en Poitou, 344 cas dans la région Nord-Pas-de-Calais.

J. Benguigui : C'est extraordinaire, y a un organisme en France qui compte les gens qui ont la chiasse, ils savent qu'y en a 344 qui ont fait caca plus que de coutume dans le Nord-Pas-de-Calais !

L. Ruquier : Oui, ils nous suivent à la trace !

J. Benguigui : Ce sont ceux qui avouent parce qu'il y en a qui disent pas !

C. Bravo : Regarde le faux cul, j'suis allée aux chiottes, eh bien, croyez-moi, derrière lui, c'est Tchernobyl !

*

M. Dor : J'avais une petite chienne qui faisait systématiquement pipi à la maison, donc j'étais allée voir un vétérinaire qui m'a dit : « Eh bien, vous devez vous mettre à quatre pattes dans la rue et lui montrer ! »

L. Ruquier : Et pour la reproduction, ça a été pareil ?

*

L. Ruquier : On vous a vraiment coupé le pied, Robert Lamoureux ?

R. Lamoureux (au téléphone) **:** C'est d'ailleurs la raison pour laquelle on ne me voit plus au théâtre, c'est parce qu'il me manque un pied.

L. Ruquier : À moins de faire un retour sur scène avec Guillaume Depardieu dans *Clopin Clopant !*

*

G. Miller : Il fut une époque où les humoristes écrivaient des poèmes et c'est vrai que les jeunes humoristes ou les humoristes de la génération de Christophe Alévêque n'écrivent plus de poèmes finalement.

C. Alévêque : Si, eh bien détrompe-toi, mon p'tit gars, j'écris des poèmes, je ne les lis pas mais j'écris des poèmes.

L. Ruquier : Comment vous faites ? Y a pas tant de rimes en ouille que ça !

*

L. Ruquier : *Mitterrand*, le film, sortira en février 2005.

G. Miller : Comme vous le savez, c'est tiré d'un livre de Georges-Marc Benamou qui lui-même avait fait scandale puisque il avait été à la fin de la vie de Mitterrand dans son intimité et qu'il racontait un certain nombre de choses que moi je ne trouvais pas scandaleuses mais qui ont scandalisé son entourage... dont le fameux réveillon où notamment Mitterrand avait mangé des ortolans, ce qui est interdit.

C. Alévêque : Oh, il a fait pire, hein !

*

L. Ruquier : Catherine Allégret sort son livre.

C. Alévêque : Elle n'est pas obligée de faire un livre, elle vend son malheur !

L. Ruquier : C'est un juste retour des choses, cette fois, c'est elle qui va toucher le *Montand*.

*

L. Ruquier : C'est déjà arrivé des cas de cannibalisme, dans certains cas de survie.

P. Bénichou : Oui, c'est l'équipe de rugby d'Argentine, des jeunes bourgeois qui se sont écrasés dans les Andes... et l'homme est une telle merde qu'au bout de trente-six heures sans manger, eh bien, ils se sont bouffés entre eux.

L. Ruquier : C'est pour ça que les rugbymen français font un calendrier ; c'est le menu !

*

L. Ruquier : Bernadette Chirac a pistonné Johnny Hallyday pour qu'il puisse adopter un enfant au Viêtnam.

P. Bénichou : Il tient à adopter un petit Asiatique ? C'est pas parce qu'il s'appelle *Jaunit*, y a des p'tits Français quand même !

*

L. Ruquier : Quand on est star, c'est pas facile de divorcer... Jude Law, très bel acteur américain, a divorcé...

P. Sled : Il a une ceinture noire ?

P. Bénichou : Ah oui, une ceinture noire de *Judlaw...*

I. Mergault : C'est idiot comme nom. On peut faire du jus d'orange mais pas du *Jus de l'eau !*

*

L. Ruquier : Si vous dormez seul, ce sont les Japonais qui viennent d'inventer le « compagnon-oreiller », c'est une sorte de polochon avec un bras et une main en tissu auprès duquel les hommes et les femmes seuls peuvent se blottir la nuit.

C. Bravo : C'est pas là que ça se met le polochon, quand t'es toute seule la nuit !

*

C. Bravo : Marta Barrière, quand elle était jeune, elle avait une jupe plissée et la peau lisse, et maintenant, c'est le contraire !

L. Ruquier : C'est pour rire, Marta, pardon, Marta, on vous adore !

C. Bravo : Il vaut mieux être vieille que morte !

L. Ruquier : On se moque de vous, Steevy, mais l'autre jour, on a eu une discussion très sérieuse, et vous nous avez touchés, votre relation avec Marta est touchante.

J.-B. Hebey : Surtout quand il a parlé du nombre de zéros.

C. Bravo : Non, il s'en fout du fric !

L. Ruquier : Oui, il s'en fout du fric, autrement, y a longtemps qu'il m'aurait épousé !

*

L. Ruquier : Les Français sont trop peu nombreux à attacher leur ceinture à l'arrière des voitures. Près d'un passager sur trois ne s'attache pas à l'arrière.

C. Bravo : Moi, je rêve qu'on m'attache à l'arrière d'une voiture !

*

Steevy : Moi j'ai une info : j'ai dîné avec Élizabeth Tessier.

[...]

Steevy : Elle m'a dit quelque chose de très important, l'astrologie, c'est la plus vieille science du monde.

J.-B. Hebey : Et elle aussi !

*

L. Ruquier : Voilà donc une très belle lettre émouvante que nous a envoyée ce prisonnier qui est en prison pour dix ans encore.

G. Miller : Allez, on lui offre deux places pour la pièce de Laurent !

*

L. Ruquier : Superman est mort.

P. Geluck : En fait, c'est Christopher Reeve qui est *super mort* !

*

P. Bénichou : Y a qu'un truc de bon dans les apéros, ce sont les amandes grillées.

P. Geluck : Des Allemandes grillées, y en avait dans le Concorde écrasé à Gonesse !

*

L. Ruquier : Pierre Bénichou, vous allez avoir de la concurrence, toute la presse parle du retour sur scène d'Alain Delon après six ans d'absence au théâtre.

P. Geluck : Oui, mais Pierre a fait mieux, Pierre, c'était après soixante-cinq ans d'absence au théâtre !

*

L. Ruquier : Le responsable marketing chez Protex dit : « Nous avons remarqué que beaucoup d'utilisateurs se trompaient dans le sens du préservatif, ils le mettaient à l'envers et, se rendant compte de l'erreur, ils le retournaient, ce qui favorise l'infection en cas de MST. »

I. Mergault : À l'envers ?... dans le cul ?

*

D. Évenou : Mais on est vieille à quel âge ?

C. Alévêque : Trop tard !

*

D. Évenou : Je sais pas si tous les sexes sont droits, y en a des *courbés*, non ?

L. Ruquier : « Sans aucun doute » !

*

L. Ruquier : L'Amérique est bouleversée par la mort de Christopher Reeve, Superman... pourquoi avait-il le poing toujours en avant quand il volait ? Je n'ai jamais compris.

C. Alévêque : C'est pour le *fist fucking*, à mon avis !

L. Ruquier : Avec la femme invisible ?

*

L. Ruquier : Philippe Bouvard, il m'en veut encore d'avoir été son patron.

C. Sarraute : Et en plus, il t'a piqué plein de trucs... les coups de téléphone et tout.

L. Ruquier : Je ne suis pas sûr d'avoir été le premier à avoir inventé le téléphone...

*

L. Ruquier : Les pêcheurs partent en guerre contre les cormorans.

P. Bénichou : Essayer de tuer des cormorans ? Ils sont fous, les pêcheurs, ils vont avoir tous les Verts contre eux ! T'as Noël Mamère qui va pas tarder à marier deux cormorans !

*

P. Bénichou : Mon univers s'écroule, au MacDo, un des derniers endroits où on bouffait bien, ils ont mis de la salade.

L. Ruquier : Je suis entièrement d'accord avec vous... j'adore les bons MacDo, je prends le Fish Burger, puis le King Bacon.

P. Bénichou : Ah, le King Bacon... moi, je peux me transformer en King Bacon.

I. Motrot : Mais tu es déjà un peu un King Bacon !

P. Bénichou : Toi, t'es une Reine des Connes !

*

L. Ruquier : Est-ce que les filles vous attendent à la sortie du spectacle, Pierre ?

P. Bénichou : Ça dépend des jours... non, mais au théâtre... c'est pas comme au cinéma et au music-hall...

P. Geluck : On n'attend pas les acteurs à la sortie du cinéma, Pierre !

*

L. Ruquier : Hier, j'ai eu la surprise en interrogeant mes petits camarades qui faisaient la télé avec moi de leur demander s'ils connaissaient le prix du litre d'essence, eh bien on voit que je travaille avec des privilégiés parce que quasiment personne n'était capable de me donner le prix du litre.

J.-B. Hebey : Ah, mais ça dépend où, moi je peux vous donner le prix du litre : si vous êtes sur les autoroutes vous êtes à 1,20 euro ; si vous êtes dans la banlieue parisienne comme moi, vous descendez à 1,10 euro.

I. Mergault : Alors lui, c'est un privilégié radin !

*

L. Ruquier : On a des nouvelles de « Crazy Horse », vous savez le chef indien, un des descendants de « Crazy Horse » qui est venu à Paris le week-end dernier pour réclamer que le Crazy Horse Saloon change de nom parce qu'il estime que c'est insultant pour le grand chef sioux.

P. Leconte : Mais ce n'est pas *un sultant*, c'est un chef sioux !

L. Ruquier : Et la famille Bernadin a promis de répondre.

J.-B. Hebey : Cet Indien, c'est un escroc puisque, aux États-Unis, les Indiens ont l'exclusivité des casinos.

P. Leconte : C'est quoi, cette exclusivité des casinos ?

L. Ruquier : Les machines à *sioux* !

*

I. Mergault : Moi, quand j'étais jeune, j'avais les cheveux assez frisés et je faisais un truc hyperdangereux, j'avais les cheveux longs et je les mettais sur la planche à repasser et avec le fer je les lissais et... c'est dangereux de faire ça et je crois que je me suis un peu abîmé les cheveux.

L. Ruquier : Et la langue !

*

P. Leconte : Ça me rappelle une histoire qui est arrivée à un ami. Il était invité à la campagne chez des copains et il est un petit peu pétochard et il a dit « J'vais aller me coucher » et les copains n'ont rien trouvé de mieux à faire que de mettre des bas sur la figure et de rentrer dans la chambre qui était au rez-de-chaussée. Donc ils sont entrés, ont fait un peu plus de bruit pour qu'il se réveille et il s'est réveillé, il a vu deux espèces de zigotos avec les bas sur la tête et là, la connerie, c'est qu'il a hurlé en se redressant : « Prenez tout, j'suis pas chez moi ! »

*

J.-B. Hebey : Y a une histoire formidable avec les *James Bond*, ce sont deux boîtes de production différentes qui produisent les *James Bond* chacune leur tour. Il faut qu'ils se mettent d'accord pour trouver l'acteur.

I. Mergault : C'est ça, ton histoire formidable ? Ah ben, tu m'étonnes que tu sois divorcé !

*

P. Wermus : Dites-moi, monsieur Gadget, pourquoi les glaces à l'intérieur de mon réfrigérateur sont toujours trop dures ?

J. Bonaldi : Parce que vous n'avez pas de réfrigérateur « No frost ». Tous les nouveaux réfrigérateurs ont ça, c'est un froid ventilé.

C. Sarraute : Est-ce qu'ils te font les glaçons qui tombent ?

J. Bonaldi : Non, ça c'est le frigo américain.

L. Ruquier : Moi, j'ai les glaçons qui tombent mais, à 40 ans, ça commence à être normal !

*

L. Ruquier : J'ai remarqué que les meilleurs athlètes français étaient toujours d'origine antillaise, c'est vrai, ce sont eux qui courent le plus vite. C'est pourquoi j'ai jamais compris pourquoi, quand vous allez à la poste, le temps fou qu'ils mettent pour aller chercher un paquet !

*

J.-L. Lemoine : Moi, j'me brosse pas les dents parce que je trouve ça un peu fatigant mais à la place, j'ai mis un p'tit bloc au bord de la bouche, vous savez les p'tits blocs qu'on met dans les WC !

*

C. Sarraute : Y a trop de codes, c'est dur de tous les retenir.

L. Ruquier : Ben oui, le code d'entrée, le code pour sa voiture, le code carte bleue ; le pire c'est le code pin... moi j'baise plus, j'le retiens pas !

*

L. Ruquier : Sale temps pour les fauteuils roulants, après Superman, Michel Gillibert dont on a appris la disparition... moi, franchement, je serais en fauteuil roulant, je remarcherais tout de suite !

C. Sarraute : Michel Gillibert, il était au cœur de certaines affaires....

J. Bonaldi : Mais il a été condamné pour ça.

L. Ruquier : Eh bien, oui, puisqu'il est mort !

P. Vandel : C'est ce qu'on appelle la chaise électrique !

L. Ruquier : C'est un bel hommage qu'on lui a rendu.

*

L. Ruquier : Paul, vous dites que Éva Kowaleska, qui est la jeune compagne de Sulitzer, va fêter l'anniversaire de Paul-Loup le 21 octobre aux Bains Douches alors qu'il est né le 22 juillet.

C. Sarraute : Parce qu'elle pense qu'il ne tiendra pas jusqu'au prochain !

L. Ruquier : C'est peut-être la date de naissance de son nègre !

*

J. Bonaldi : Y a un truc très compliqué en Chine pour les artistes, c'est que les Chinois ne sont pas du tout comme nous : respectueux, silencieux pendant le spectacle, ils parlent, ils fument, ils crachent et, à la fin, ils n'applaudissent pas.

L. Ruquier (imitant Mireille Matthieu) **:** Ça c'est vrai, comme ici à Paris.

*

L. Ruquier : Les retraités étaient en colère hier, ils ont défilé : ils sont partis à 14 heures de la place des Invalides et là... ils y sont encore... c'est une opération escargot en quelque sorte.

*

I. Motrot : C'est vraiment utile de rouler avec les phares ?

S. Garel : Mais pratiquement toute l'Europe le fait !

I. Motrot : Tant qu'on y est, est-ce qu'on ne devrait pas rouler en klaxonnant en permanence ?

*

L. Ruquier : Je regarde Isabelle Motrot, je me dis qu'elle ferait une belle Marianne.

I. Motrot : Je ne suis pas assez bien coiffée pour ça.

P. Alfonsi : Avec un bonnet phrygien, on ne voit pas la coiffure sur une Marianne.

C. Diament : Si, parce que Mireille Matthieu...

L. Ruquier : Ah ça, c'est un bonnet frigide !

[...]

L. Ruquier : On prendrait juste votre tête, Isabelle Motrot, et on prendrait la poitrine de Caroline Diament.

C. Diament : Merci pour le fait que j'ai une sale gueule !

P. Bénichou : Non, mais c'est très très dangereux ce que tu dis, ton cocktail est bien, mais imagine s'ils se trompent...

L. Ruquier : S'ils mettent les seins d'Isabelle Motrot et la gueule de Caroline Diament !

P. Bénichou : Tu te rends compte le drame !

*

L. Ruquier : Un funambule a chuté de 10 mètres de haut. Y avait pas de filet. Il a été opéré du col du fémur.

J.-B. Hebey : C'est rarissime, des équilibristes qui font des trucs sans filet.

I. Mergault : Faut refuser de les voir *sans filet.*

L. Ruquier : Oui, j'ai vu des équilibristes *s'enfiler*, mais c'était dans une boîte de nuit à la mode !

[...]

L. Ruquier : Exceptionnellement, samedi soir, ils n'étaient que 2 à monter sur scène, c'est un des 2 qui est tombé. Ils sont normalement 3 et ils n'étaient que 2, donc y en a plus qu'un maintenant. Parce que le 3e, il n'a pas pu faire la première du spectacle parce qu'il s'était cassé la figure dans les escaliers quelques jours auparavant.

I. Mergault : Et s'ils étaient tout simplement mauvais ?

P. Sled : Et en plus ils ont 80 ans !

L. Ruquier : Et d'ailleurs leur spectacle commence par « Et maintenant, sans les dents ! ».

*

P. Bénichou : Steevy, quand tu te fais un flic, tu lui fais garder son képi, toi, ou pas ?

*

L. Ruquier : La vente aux enchères des meubles de François Mitterrand. Parmi les meubles, le lit de repos créé par l'architecte allemand...

P. Bénichou : C'est un truc acheté en 42 ?

*

Steevy : Les enfants, c'est pas quelque chose qui se prend à la légère, c'est quelque chose de mûrement réfléchi, c'est comme des animaux. (Rires.) Ce que je veux dire, c'est par exemple, je prends l'exemple du chien... (on coupe Steevy), mais laissez-moi parler !

P. Bénichou : Continue, quand toi parler, quoi qu'on dise, on n'arrivera jamais à être aussi con !

Steevy : Donc je prends l'exemple du chien... (Bénichou le coupe), je ne peux pas parler, tu me coupes toutes les deux secondes.

P. Geluck : Et si on te coupe toutes les deux secondes, c'est pas comme ça que tu auras des enfants !

Steevy : J'ai pris l'exemple des animaux, pourquoi ? On achète un chien mais un chien, faut savoir qu'au début c'est mignon, c'est adorable, mais il faut le sortir, le nourrir, c'est des trucs qui sont complètement cons mais y a des chiens qui se retrouvent toujours abandonnés.

P. Geluck : Mais j'vais te dire, Steevy, moi j'ai eu un chien et j'ai élevé des enfants... et la grande différence entre les deux, c'est que les enfants ne rapportent pas la baballe !

Steevy : Enfin bref, un enfant ça bouleverse une vie !

P. Geluck (imitant Yves Duteil) **:** « Prendre un enfant par la patte ! »

*

L. Ruquier : Vous êtes abonnés à Pink TV ?

Steevy : Oui, moi je suis abonné.

L. Ruquier : Pourquoi, c'est pour les films pornos du soir ?

Steevy : Ben les films pornos, c'est mardi, vendredi, samedi, dimanche.

L. Ruquier : OK, c'est pour ça donc...

P. Bénichou : Quoi ? des films pornos entre des gens du même sexe ?

P. Geluck : Mais comment ils font, alors ?

*

L. Ruquier : Une auditrice nous dit : « Je viens d'entendre que vous conseillez, pour rire je sais mais quand même, qu'il fallait rentrer dans le réfrigérateur pour pouvoir vérifier que la lumière s'éteignait, or je suis institutrice et je sais que des enfants pourraient le faire pour s'amuser et des drames de ce genre se seraient déjà produits avec des enfants qui se sont enfermés à l'intérieur du frigo sans pouvoir en ressortir »... Elle a raison, c'est ce qui est arrivé aux enfants de Céline Dion qui voulaient voir comment c'était avant !

*

L. Ruquier : Alain Bombard était sur son fameux canot pneumatique qu'il avait testé... et à un moment, il y a eu un trou et il s'est dit comment le boucher, il n'avait pas de rustine et c'est effectivement son sperme qui a permis de recoller le canot de sauvetage.

J.-L. Lemoine : Et là, le truc qu'on se demande, c'est : À quoi il pense ?

L. Ruquier : T'imagines s'il y avait eu Rocco Sifredi sur le *Titanic*, le nombre de personnes sauvées !

*

L. Ruquier : Je savais pas que vous vous intéressiez à l'astronomie, Marie.

Marie Laforêt : Moi, je m'intéresse à tout sauf quand vous parlez !

*

J. Bonaldi : Y a un congrès des maires du département de la Charente, ils se sont bourrés la gueule, les flics du coin se disent « Tiens, la bonne affaire ! », ils les contrôlent, et le préfet de la Charente adresse une lettre aux différents maires du département pour s'excuser ! Franchement !

L. Ruquier : Oui, c'est-à-dire que les autres étaient complètement faits, lui il est *pré-fait*, c'est-à-dire qu'il est en avance sur les autres.

*

L. Ruquier : Vous ne vous faites pas livrer les pizzas, Claude ?

C. Sarraute : Non.

L. Ruquier : Franchement, c'est sympathique de se faire livrer une pizza, Claude, vous donnez la petite pièce à un livreur de pizzas.

C. Sarraute : Pour toi peut-être, mais moi le p'tit livreur de pizzas, j'ai plus l'usage !

*

C. Sarraute : Moi dans les supermarchés, j'mets une pièce et puis le caddie se décroche.

L. Ruquier : Non mais où ça, donnez-nous l'adresse !

C. Sarraute : Mais je peux te la donner c'est à Pleubian.

L. Ruquier : Mais Claude, c'est partout comme ça !

C. Sarraute : Ah, mais j'en sais rien, moi, je ne vais que là.

L. Ruquier : Et même, certains supermarchés ont la gentillesse de vous donner un jeton.

C. Sarraute : Oui, oui, j'ai eu le jeton !

L. Ruquier : Vous avez un vieux jeton qui est à l'Académie française !

*

L. Ruquier : Moi, mon rêve, ce serait d'avoir un Botero, la ballerine.

C. Diament : J'vais vous envoyer une photo de moi à poil en attendant !

L. Ruquier : Un jour dans une galerie à Venise j'ai vu une ballerine magnifique, j'avais envie de l'avoir chez moi, et puis après on m'a dit le prix...

P. Wermus : Combien ?

L. Ruquier : Oh, je crois qu'à l'époque, 1 million de francs.

P. Wermus : Un petit Botero, 300 000 francs, vous l'avez.

C. Diament : Mais c'est une danseuse anorexique !

*

L. Ruquier : Caroline, je vous ai vue une fois devant un Hippopotamus. C'est vrai que les gens ont dit : Tiens, l'enseigne est tombée ?

*

I. Motrot : Moi, j'aime bien ce qu'il écrit d'habitude, Orsenna, mais pas là... Pas ce livre-là.

L. Ruquier : Moi, j'aurais aimé que ce soit Charles Pasqua qui soit... *hors sénat.*

*

L. Ruquier : Parlons du film *The Assassination of Richard Nixon.*

M. Pantel : J'y suis allée dans le cinéma près de chez moi, on était deux, j'avais presque la trouille dans la salle.

L. Ruquier : C'est surtout l'autre !

Novembre

P. Bénichou : Pour rejoindre Steevy, il paraît que Marta Barrière s'est installée au Mans maintenant ?

P. Geluck : Oui, pour les *24 Horreurs du Mans* !

*

P. Bénichou : Maintenant le pain qu'ils font est paraît-il un peu meilleur pour la santé, il est long à manger maintenant, on a l'impression qu'on est dans la campagne profonde avec un vieux pain qui date du mariage de la cousine, moi j'aimerais de la baguette légère...

P. Geluck : Tu ne penses pas plutôt que ce sont tes dents qui ont changé ?

*

L. Ruquier : Ah, un e-mail pour Steevy : « Tu déchires trop fort ! », ça c'est du langage jeune.

J.-L. Lemoine : C'est peut-être quelqu'un qui le connaît ?

*

L. Ruquier : À l'Open de Paris-Bercy, c'est bien, y a des p'tits jeunes qui montent et on ne peut que les encourager.

P. Bénichou : Ben heureusement, sans ça, je ne sortirais pas le soir si y avait pas de p'tits jeunes qui montent !

*

L. Ruquier : Il faut que le gouvernement français fasse qu'il n'y ait plus de SDF... en tout cas devant chez moi !

*

L. Ruquier : La statue de Victor Noir qui repose au cimetière du Père-Lachaise est donc protégée depuis quelques semaines par des barrières... C'est idiot, des barrières, ça s'escalade.

J. Benguigui : Demande à Steevy, tu vas voir !

*

P. Wermus : J'ai aperçu le film érotique d'Élizabeth Tessier qu'elle a tourné dans les années 70.

P. Vandel : Attends c'est extraordinaire, tu aperçois les films, c'est-à-dire que tu regardes comme ça en te mettant dans un p'tit coin !

P. Wermus : Non, pas du tout, on peut faire plusieurs choses en même temps, quand même.

P. Vandel : On ne veut pas savoir ce que tu fais en même temps !

*

G. Miller : C'est génial, les médias, vous dites du mal de quelqu'un et puis après la personne vous appelle : « Non, il faudrait que vous me connaissiez mieux », moi par exemple, je déteste Laetitia Casta mais je ne demande pas mieux qu'elle m'explique à quel point elle est formidable.

P. Cochin : Mais pourquoi ? Tu la détestes !

G. Miller : Mais c'est une plaisanterie !

P. Vandel : Non, une plaisanterie, c'est quand c'est drôle et que tout le monde rit !

*

C. Diament : J'ai un prof de gym.

L. Ruquier : Et vous les choisissez comment, vos profs de gym ?

C. Diament : C'est le prof de gym de Jean-Bernard Hebey.

I. Motrot : Il a un prof de gym ?... ça alors, on ne dirait pas !

L. Ruquier : Oui, c'est comme si je disais que j'ai pris un prof de virilité, c'est celui de Steevy... Vous voulez que je vous conseille mon prof d'anglais aussi ?... il y a aussi l'habilleuse de Gérard Miller qui est très bien... on peut vous conseiller le coiffeur d'Isabelle Motrot... et l'almanach de l'humour de Stéphane Pocrain !

*

L. Ruquier : Le procès Émile Louis, c'est passionnant...

P. Sled : Ils en ont fait une chanson : « Je m'appelle Émile Louis joli ! »

*

C. Diament : J'ai déjà touché Keanu Reeves !

L. Ruquier : Ah bon, racontez !

C. Diament : Parce qu'il a un groupe de rock et comme j'ai des potes qui savent que j'adore Keanu Reeves, un soir on est allés dans un bar où il jouait avec son groupe et comme c'était minuscule comme endroit, il était obligé de passer au milieu de la foule pour aller dans sa loge et je criais délicatement « Kiss me, kiss me », et j'étais entourée de jeunes gamines qui criaient « Fuck me, fuck me » et du coup il m'a regardée parce que j'étais la seule qui criait quelque chose de poétique.

S. Pocrain : Sauf que toi, il t'a regardée, mais elles, il les a baisées !

*

D. Évenou : Lorsque j'ai accouché le jour où mon fils est né... enfin bref j'ai un fils qui est né, il est né le 12 novembre et... le 12, parce que je voulais pas qu'il naisse le 11 novembre, et j'étais tellement excitée et énervée à l'idée d'accoucher, dans ma tête ça se mélangeait, et j'avais confondu avec la Toussaint... avec le 1er mort, euh, le 1er novembre. Et j'ai serré les fesses et on est arrivés à la clinique de la Muette...

L. Ruquier : Ça ne s'invente pas !

*

L. Ruquier : C'est sûr que quand vous jouez un *One Man Show* ou un *One Woman Show*, vous êtes sûr que les gens qui sont dans la salle, c'est pour vous et rien que pour vous.

P. Sled : En même temps, quand ils ne viennent pas, tu sais aussi que c'est pour toi qu'ils ne viennent pas !

*

L. Ruquier : Ils ont lancé l'alliance pour les célibataires... c'est un jeune Antibois, c'est-à-dire c'est un garçon qui habite Antibes, ce n'est pas qu'il soit contre le bois...

Steevy : Ah, là, là ! on se fend la gueule à coups de hache !

L. Ruquier : De hache, il parlait de hache de bûcheron évidemment, y a pas un joint qui circule ici...

Steevy : De toute façon, ils peuvent nous regarder sur wwww.europe1.fr

P. Sled : Y avait pas un w de trop ?

L. Ruquier : C'est parce que Europe 1 est en cours d'immatriculation !

[...]

L. Ruquier : Il faut dire qu'on est passés par la nouvelle rédaction d'Europe 1 et alors je n'ai jamais vu une aussi belle rédaction.

Steevy : Oui, c'est très beau, bravo, monsieur Lelay... euh, Bellay.

*

D. Évenou : Oh... chiche ! on dit tous n'importe quoi !

*

P. Bénichou : Il y a beaucoup d'amis que je voulais inviter au théâtre et il est très rare qu'un théâtre soit à ce point plein que les acteurs soient obligés de payer leur place.

L. Ruquier : Mais je vous jure que c'est vrai, mon frère et ma belle-sœur viennent le 27 novembre et je paie leur place.

P. Geluck : L'auteur a une petite consolation, c'est que vous allez toucher 10 % sur le prix que vous payez !

*

P. Bénichou : Y en a marre qu'on fasse un plat de cette affaire d'ours tué alors qu'il y a des enfants qui meurent tous les jours et tout le monde s'en fout.

M. Dor : Et c'est toi, un vieil ours mal léché, qui le dis en plus ?

P. Bénichou : Mal léché parce que t'es maladroite !

[...]

M. Dor : Mais où est le petit ourson ? Va-t-il survivre à l'hiver ?

L. Ruquier : Il paraît que oui.

P. Bénichou : Y a même des enfants qui survivent... alors un ours !

Même un ourson, c'est particulièrement costaud... à 8 mois, c'est comme un mec de 17 ans... il pourrait te péter une jambe en pétant de rire... Vous, vous imaginez le petit bébé qui est là, tout petit... ! C'est idiot ! Y en a marre avec les animaux ! ils baisent leur mère, les animaux... les animaux, c'est une race où on baise sa mère et on se fait enculer par son père !

*

P. Bénichou : Tout à l'heure, j'ai vu Gérard arriver au bistrot, bon, je ne dis pas qu'il faut que tout le monde soit comme Lino Ventura (imitant Lino) : « Qu'est-ce qu'il y a comme pinard aujourd'hui ? » Lui, c'était (prenant une voix efféminée) : « Bonjour, qu'est-ce que vous avez avec du miel... chaud, mais pas trop chaud... parce que j'ai une émission », tu penses comme le bistrot en bas d'Europe 1 ça l'impressionne quand tu dis : « J'ai une émission », c'est à peu près comme à Orly quand t'attends à un guichet, tu dis : « Poussez-vous, poussez-vous, j'ai un avion à prendre ! »

*

P. Bénichou : Tu connais beaucoup de Français qui vont rapporter le minitel ? On leur dit : « Vous pouvez le garder », tu penses, ils sont fous de joie, ils le gardent, ils le mettent avec le napperon sur le buffet avec la photo du chat qui est mort... T'as vu des Français rendre quelque chose, toi ?... Rendre les armes c'est tout ...

M. Dor : Mais ce problème des minitels se pose pour les ordinateurs aussi parce que, à l'intérieur des ordinateurs, y a plein de substances...

P. Bénichou : Mais en plus, où les mettre ? C'est plein de puces !

*

G. Miller : C'est un lieu commun absolu ce que tu viens de dire, Pierre.

P. Bénichou : Pardon ?... les lieux communs, ça a au moins cet avantage, c'est qu'on s'y rencontre !

*

L. Ruquier : Demain matin, on enregistrera l'émission à 8 heures du matin, les auditeurs qui sont à Paris demain matin peuvent venir ici.

P. Bénichou : Ceux qui peuvent passer à 7 h 30 du côté des Invalides peuvent me prendre en voiture.

*

P. Bénichou : Qu'est-ce qu'on se fait chier, quand j'parle pas, dans cette émission !

*

L. Ruquier : On vient de communiquer un mot à Pierre Bénichou : « Pierre donne-nous tes clefs, ta voiture est à la fourrière. »

P. Bénichou : C'est déjà chiant d'aller travailler !

G. Miller : Mais je comprends pas Pierre, y a un parking en face d'Europe 1 !

P. Bénichou : Je ne vais pas dans les parkings parce que j'ai peur de rencontrer des vicieux comme toi dans les parkings !

L. Ruquier : C'est vrai ça, Pierre, garez-vous comme tout le monde !

P. Bénichou : J'étais bien garé là... enfin moyen, j'étais sur une livraison... Après tout, je viens livrer ici mon génie !

M. Dor : Mais comment est-ce qu'on arrive à le prévenir qu'on va lui enlever sa voiture ? Moi, quand je suis sur une livraison, personne ne vient me prévenir !

P. Bénichou : C'est la différence entre toi et moi, ma pauvre !

*

L. Ruquier : Une auditrice, Nathalie, a un poème pour Pierre Bénichou :

Je vais te chercher...
Jusqu'à te trouver...
Alors je t'emmènerai...
Au lit...
Et lentement, je te ferai trembler...
Transpirer avec profusion...
Je te ferai gémir, et même rugir...
Tes tempes vont battre...
Ta tête va exploser...
Quand j'en aurai terminé...
Je partirai...
Je te dirai...

À la prochaine !
Avec tout mon amour...
Signé : La grippe.

*

L. Ruquier : Isabelle, on a l'impression que vous vous réveillez.

I. Mergault : Je n'ai pas dormi de la nuit, je n'ai même pas dormi une heure !

L. Ruquier : Et Jérôme, vous allez bien, vous ?

J. Bonaldi : Moi, ça va très bien.

L. Ruquier : Comme je vous ai à peine entendu depuis le début de l'émission, je me suis dit que vous aviez passé la nuit avec Isabelle Mergault !

I. Mergault : Si j'avais passé la nuit avec lui, j'aurais certainement dormi !

*

L. Ruquier : C'est Laurence Boccolini qui animait la soirée « Les 100 femmes les plus belles du monde », donc évidemment toutes les autres avaient des chances d'obtenir le plus de voix possible !

C. Alévêque : Laurence, elle a été 25e et 26e !

*

L. Ruquier : Pierre vient de nous faire beaucoup rire. Il faut expliquer qu'il n'arrête pas de se moucher, il est vraiment malade, notre Pierre. Il a même dit : « Si ça se trouve, j'vais mourir avant Arafat ! »

C. Alévêque : Il a déjà mis son mouchoir sur sa tête, d'ailleurs !

*

L. Ruquier : Les poilus ne seront pas à la cérémonie du 11 Novembre parce qu'ils sont un peu trop âgés pour pouvoir se déplacer. Ils n'accompagneront pas le président de la République et le ministre de la Défense Michelle Alliot-Marie devant la fameuse tombe du soldat inconnu.

I. Mergault : Y aura aucun poilu ?

L. Ruquier : À part celui de Michelle Alliot-Marie, bien sûr !

*

J. Bonaldi : Y a un grand mouvement dans la pêche qui est de remettre le poisson dans l'eau, ça se fait de plus en plus, c'est pour le plaisir de pêcher.

P. Leconte : Mais le poisson, quand il a un hameçon dans la bouche, il est quand même un petit peu abîmé !

J. Bonaldi : Non, non... il s'en sort, après ils repêchent des poissons qui ont été pêchés 1, 2, 3 fois !

P. Leconte : Et ceux-là on les reconnaît parce qu'ils disent quand ils sortent de l'eau « Oh encore ! »... enfin pas les carpes, évidemment !

L. Ruquier : Les grandes douleurs sont muettes.

*

L. Ruquier : Charles Gayssot, l'ex-ministre des Transports, s'est pris une balle dans le pied.

P. Geluck : Il faut dire que c'est le seul qui avait perdu sa place avant d'aller à la chasse !

L. Ruquier : Comment on peut se tirer dans l'orteil ?

P. Bénichou : Ah ben, t'as ton fusil... tu chasses souvent, toi ?

L. Ruquier : Ben, souvenez-vous quand on est allés chasser l'ours ensemble encore y a pas longtemps.

P. Bénichou : Oui bien sûr... ah ! on l'a bien eue, la maman... c'est toi qui m'as dit : « Pas les gosses, pas les gosses ! »

*

P. Bénichou : Mais Steevy, s'il y avait pas l'URSAFF et la Sécurité sociale, tu serais encore dans ton bidonville, petit con ! Tu es un pur produit du quart monde. Dis merci à la Sécurité sociale à la solidarité au lieu de défendre les casinos parce que tu tronches une vieillarde !

L. Ruquier : Steevy, un jeune garçon qu'on a sorti du caniveau et qu'on retrouve dans le casino.

*

J. Benguigui : Isabelle, pourquoi ton chien ne marche pas encore à 2 mois ?

I. Mergault : Mais parce qu'il n'a pas eu encore son 2e rappel.

L. Ruquier : C'est comme vous au théâtre le soir, Jean !

*

L. Ruquier : Ah, une nouvelle lingette qui vient de sortir : la lingette pour les dents. Oral-b lance la première lingette jetable mentholée qui nettoie les dents et rafraîchit l'haleine.

C. Diament : Mais c'est bien, on va pouvoir offrir ça aux gens qui refoulent du bec.

L. Ruquier : Y en a certains, avec l'haleine qu'ils ont, on pourra leur donner celle pour le cul !

*

J.-B. Hebey : La France s'est pris les pieds dans le tapis dans l'hospitalisation d'Arafat parce qu'on l'accueille mais ça ne va pas arranger nos affaires. On avait peut-être négocié en échange une libération de nos otages qui ne sont toujours pas libérés !

L. Ruquier : Le chauffeur syrien a été libéré, quand même !

J. Benguigui : Normal, le chauffeur, c'est lui qui était devant, les autres devraient arriver !

*

L. Ruquier : Amélie Mauresmo, je l'aime bien ; et pourtant on n'a pas les mêmes goûts !

*

L. Ruquier : Le congrès des Alcooliques Anonymes se tient jusqu'au 21 novembre. Alors c'est drôle parce que, d'après le journal gratuit *20 minutes*, ça se passe à Dijon, et selon l'autre quotidien gratuit *Métro*, ils nous disent que c'est à Avignon... alors est-ce que c'est à Avignon ou à Dijon ?

I. Motrot : Ben, c'est pour rester anonyme !

*

P. Bénichou (s'adressant à Isabelle Motrot) **:** Mais il faut te réconcilier avec la vie, avec les pratiques normales, avec le coiffeur !

I. Motrot : Mais pour moi, c'est pas la vie ça, une veste à 2 000 balles chez H&M, j'en ai rien à foutre. C'est la vie pour toi, ça ? Eh ben, dis donc, j'te plains !

P. Bénichou : Je dis pas que c'est la vie pour moi, ne jouons pas les saintes-nitouches, 2 000 francs pour une veste c'est un peu cher mais c'est pas non plus (en regardant Isabelle Motrot) un truc à faire dresser les cheveux sur la tête, excuse-moi !... on a tous eu des vestes qui valaient 2 000 balles !

I. Motrot : Non, d'abord tu te trompes, Pierre... mais où tu es, toi ?

L. Ruquier : Pierre qui découvre qu'il est un privilégié depuis vingt-cinq ou trente ans.

P. Bénichou : 2 000 francs... anciens !

*

L. Ruquier : Seriez-vous prêts à mettre 18 750 $ pour acheter un croque-monsieur où apparaît le visage de la Vierge sur le site d'enchères américain « Ebay » ? C'est un croque-monsieur qui date d'il y a dix ans. C'est une dame qui est bijoutière qui demeure à Hollywood et elle raconte que, quand elle a pris une bouchée de ce croque-monsieur, elle a vu apparaître un visage, quel choc, elle a vu apparaître la Vierge Marie !

S. Garel : Mais comment elle connaît le visage de la Vierge, y a jamais eu de photo d'elle ?

L. Ruquier : Non, c'est un visage qui, nous dit-on, a un côté Arielle Dombasle...

S. Garel : Ah oui, une vierge qui a servi, alors !

*

L. Ruquier : Les pâtissiers se couchent à 19 heures.

I. Mergault : Il est pâtissier derrière l'église ?

L. Ruquier : J'la comprends pas, celle-ci.

I. Mergault (honteuse) : ... Il avait un besoin pressant... Alors il est pâtissier derrière l'église ! Enfin, Laurent, un classique !

*

L. Ruquier : Philippe qui nous envoie un e-mail : « Quel dommage que Steevy et Danièle Évenou ne soient pas ensemble une fois par semaine dans l'émission, ce serait super, les quatre autres jours ! »

*

L. Ruquier : Y a des régions où, hélas, Europe 1 n'est pas capté.

C. Alévêque : Lesquelles ?

P. Bénichou (ironique) **:** La région parisienne par exemple... c'est une bonne radio nationale mais on n'est pas diffusés sur Paris.

L. Ruquier : Non au contraire, Europe 1 est très écouté au-dessus de la Loire et au-dessous on est très écoutés aussi mais, hélas, peu de gens nous captent... il faut quand même dire à tous les auditeurs qui habitent dans le sud de la France...

C. Alévêque : Tous les connards de la Côte-d'Azur, tu veux dire !

L. Ruquier : Oh, là, là...

P. Bénichou : De toute façon qu'est-ce qu'on en a à foutre, au-dessus de la Loire, tous des Boches, au-dessous de la Loire, tous des nègres !

*

P. Bénichou : Miller, c'est un handicapé de l'élégance, lui.

J. Benguigui : Tu te rends compte qu'il fait 36 de pantalon, il va au rayon garçonnet.

J.-B. Hebey : Il porte toujours des chaussures qui n'ont jamais vu une vache, que des chaussures en plastique.

L. Ruquier : Au lieu de débiner un de vos camarades...

J.-B. Hebey : On ne le débine pas, on le décrit !

*

J.-B. Hebey : Non mais, c'est pas pour faire du passéisme, mais à une époque, on mettait des obélisques place de la Concorde, maintenant on met des roues avec des mecs qui vendent de la barbe-à-papa.

P. Bénichou : Mais comme qui dirait, en même temps sur l'obélisque, tu mets moins de gens, hein ?

C. Diament : Mais c'est pas désagréable !

*

P. Cochin : Ils sont bien fabriqués quelque part les godemichés, qu'ils soient fabriqués en usine ou en atelier, je ne vois pas la nuance.

P. Bénichou : Tu n'as honte de rien, toi !

J. Benguigui : Mais tu en parles avec une telle liberté !

C. Diament : Tu en aurais dans ta table de nuit, tu en parlerais de la même manière !

*

L. Ruquier : Jean-Jacques Goldman est à nouveau papa ; l'épouse du chanteur a donné naissance à une petite fille prénommée Maya dans une clinique de Marseille. Vous ne le saviez pas, je vous en apprends des trucs, quand même !

C. Sarraute : Mais moi, je savais qu'elle était enceinte, alors, j'suis pas étonnée qu'elle ait accouché !

*

C. Sarraute : À l'âge de 16 ans, en classe de philosophie, une fille qui m'a fait la cour, m'a tenu la main et tout, et depuis rien.

P. Vandel : Elle t'a plus appelée ?

L. Ruquier : Line Renaud, si vous nous écoutez !

P. Vandel : Est-ce que tu te souviens de son prénom ?

C. Sarraute : Tout ce que je sais, c'est que maintenant, elle vend je ne sais plus quoi dans les marchés.

L. Ruquier : Ah, ça c'est une piste... pour la retrouver ça va être facile... encore qu'une dame qui vend des trucs sur les marchés à 90 ans, ça doit se trouver !

*

G. Miller : Paul, je n'ai appris votre vraie identité sexuelle il n'y a que quelques minutes quand vous avez parlé de votre fille.

P. Wermus : Attendez, vous me cherchez, vous me provoquez là !

L. Ruquier : Dans notre esprit, ce n'est pas une attaque, ici !

P. Wermus : Je ne dis pas que c'est une attaque mais c'est de la rumeur.

C. Sarraute : Eh bien, elle est très bien, cette rumeur.

P. Wermus : Alors bon, très bien, continuez !... J'ai fait un casse de banque, continuez, mes enfants.

C. Sarraute : Oh, alors ça, c'est de l'homophobie typique !

P. Wermus : Ah, mais, pas du tout !

C. Sarraute : Comparez un mec avec un casse de banque...

L. Ruquier : Si c'est une banque du sperme...

*

L. Ruquier : La fille adoptive de Johnny, elle est avantagée parce que, grâce à Optique 2000, elle va avoir deux pères pour le prix d'un !

*

L. Ruquier : Philippe Alfonsi vient d'arriver, il prend ses marques.

P. Alfonsi : J'vous ai dit « Bonjour » tout à l'heure, vous ne m'avez même pas répondu.

L. Ruquier : Ah oui, mais moi, les retardataires... ça va bien !

(L'émission est enregistrée à 12 heures.)

P. Geluck : Enfin, il était là à 12 h 02 et il est 16 h 35, si c'est ça être en retard !

*

L. Ruquier : Steevy, vous avez changé depuis que vous avez quitté le Loft.

Steevy : Ah ben oui, c'est indéniable, avant, je ne savais rien sur rien.

L. Ruquier : Maintenant, vous savez rien sur tout !

*

P. Geluck : Donc, tu achètes des fleurs artificielles et tu les trempes dans des huiles essentielles ? Ça doit être gras chez toi.

Steevy : Monsieur, chez moi tu pourrais manger par terre !

P. Geluck : Parce que c'est trop dégueulasse sur les meubles peut-être...

*

I. Motrot : Un jour, je vais arriver ici avec les cheveux tout plaqués, toute bien coiffée, vous serez super déçus j'suis sûre.

Steevy : Ah ben non, ça te donnerait un petit côté Romy Schneider, ma chère.

L. Ruquier : Dans l'état où elle est maintenant !

*

Steevy : Pour un cocktail dînatoire, c'est très simple, t'achètes un concombre...

L. Ruquier : Vous achetez un concombre pour votre apéritif, vous ? Ça, ça s'appelle pas un apéritif, ça s'appelle les préliminaires !

*

L. Ruquier : Sachez qu'un chercheur hollandais prétend que le bâillement est dû à une pulsion érotique et sexuelle.

P. Cochin : Imagine en sortant, y a une gonzesse qui bâille devant toi, tu vas te dire : tiens, j'ai une chance.

L. Ruquier : Ça dépend d'où elle bâille...

*

L. Ruquier : Elles se sont reformées les Destiny Childs ?

Steevy : Elles ont jamais été déformées... euh... désunies !

*

P. Cochin : Ils rigolent, parce que j'ai passé un coup de fil pendant la pub... mais je suis bien obligée, vous venez tous dîner ce soir à la maison, fallait bien que j'organise un tout petit peu ce dîner !

P. Leconte : Comment ça, on vient tous dîner ce soir ?

P. Cochin : Ah oui... non... euh... pas tous !

Marie Laforêt : Moi, je ne suis jamais venu chez toi !

P. Cochin : Si bien sûr, le jour de l'anniversaire de Laurent.

Marie Laforêt : Ah, c'était chez toi ?

Décembre

P. Wermus : Je suis toujours étonné par la tenue de ministre de Pierre Bénichou, ça en impose !

P. Bénichou : J'ai longtemps essayé de me déguiser à la Miller, ce n'est pas tellement mon truc, j'ai été élevé dans la peur du ridicule !

*

P. Bénichou : Écoutez, Paul, vous êtes gentil, vous êtes dans cette émission, pas pour longtemps j'imagine... ayez la gentillesse de ne pas m'adresser la parole ! [...] J'ai traité Paul de fouille-merde ?

P. Wermus : Ah oui !

P. Bénichou : C'est extraordinaire comment j'arrive même dans une demi-colère à viser juste !

*

C. Diament : Chez qui vous avez dîné hier soir ?

L. Ruquier : Chez Péri Cochin, elle avait fait de la betterave et on déteste ça.

P. Bénichou : Faut jamais manger chez des étrangers !

C. Diament : Mais elle n'a pas un cuisinier ?

P. Bénichou : Si, mais tu vois d'où il vient, ce cuisinier ? Le Sri Lanka pour lui, c'est les Batignolles !

*

C. Diament : Figurez-vous que la dernière année où j'étais en maison de disques...

P. Bénichou : En maison de disques ! Être en maison, tu sais ce que ça veut dire, être en maison ?

C. Diament : Non, excuse-moi, c'est pas mon époque, j'ai pas connu les maisons closes.

L. Ruquier : Elle était attachée de pute chez Virgin !

*

P. Bénichou : Il faut dire, Caroline, que vous avez une voix absolument inoubliable et que c'est peut-être ce que vous avez de mieux sur la figure !

*

L. Ruquier : Jade, la fille adoptée par Johnny et Laetitia, était vachement contente de voir en même temps sa grande sœur et son grand-père arriver pour venir la chercher.

*

L. Ruquier : Un dernier e-mail pour Gérard Miller : « Merci à Gérard Miller, oui, grâce à lui notre couple a été sauvé. En effet ma femme et moi, on vous déteste... ça nous a rapprochés. »

*

P. Wermus (à Pierre Bénichou) **:** Allez-y, allez-y, maître, je peux vous appeler « maître » parce que vous êtes habillé comme un notaire.

P. Bénichou : Tout le monde ne peut pas être habillé comme ma sœur !

*

P. Wermus : Il vous arrive d'avoir des idées reçues, monsieur Bénichou ?

L. Ruquier : Oui, mais pas pour vous !

*

G. Miller : J'ai vu le calendrier de Loana dans un journal masculin que j'ai reçu.

C. Diament : Genre, tu ne l'as pas acheté !

G. Miller : Ben non, on le reçoit, ils l'envoient aux journalistes.

L. Ruquier (moqueur) **:** Aux journalistes ?... Moi j'ai reçu le calendrier des rugbymen, ils l'envoient aux pédés !

G. Miller : Ils l'envoient aux chroniqueurs, à ceux qui travaillent dans la presse.

P. Bénichou : Tu ne travailles pas dans la presse, tu travailles dans l'urgence !

*

L. Ruquier : Isabelle Mergault, vous avez un décolleté...

C. Ockrent : Oui, c'est l'été en quelque sorte.

I. Mergault : C'est pas l'été, j'avais un rendez-vous avec mon banquier, c'est pas pareil.

L. Ruquier : Quand elle a rendez-vous avec son banquier, elle met son découvert !

I. Mergault : Tout s'est arrangé.

L. Ruquier : C'est quoi votre banque, autrement on l'appelle tout de suite !

I. Mergault : Ah, je ne dis pas, je dis que les initiales : B...N...P.

*

L. Ruquier : « Je trouve, m'écrit Nicolas, que les cinq dernières minutes de l'émission sont toujours les plus drôles. Alors si c'est pas trop vous demander, vous pouvez y passer tout de suite ! »

*

Steevy : Y a un mec qui a un pénis qui arrive jusqu'au genou et sans bander !

I. Mergault : Ben de toute façon, s'il bandait, ça arriverait pas au genou, ça arriverait au menton !

[...]

L. Ruquier : Bonjour à Steevy de la part de la demoiselle en bleu de la gare Montparnasse qui veut que vous lui rendiez son briquet.

Steevy : Ah oui !

L. Ruquier : Elle habite au Mans ?

I. Mergault : Non, elle habite jusqu'au genou !

*

L. Ruquier : Faites-vous un sapin chez vous, Steevy ?

Steevy : Ah, ben moi, j'en fais quatre, j'ai une grande maison et il me faut quatre sapins.

C. Ockrent : Mme Barrière a plusieurs casinos !

*

L. Ruquier : « Bonjour, Laurent, un petit message pour Isabelle Mergault : "Noël approche et un petit cadeau devrait bientôt vous parvenir. Je vous embrasse." »

I. Mergault : On dirait les prédictions d'Élisabeth Tessier : « Attention, des cadeaux pour la fin de l'année ! »

*

L. Ruquier : À Tegucigalpa, au Honduras, un parlementaire a été condamné pour violences domestiques à effectuer un travail d'intérêt collectif, et voir un député balayer, je trouve que c'est quand même bien.

I. Motrot : Oui et non, on aurait pu lui faire faire quelque chose de plus utile.

P. Geluck : On voit que vous n'êtes jamais allée à Tegucigalpa !

L. Ruquier : À Bordeaux, est-ce que M. Juppé aurait pu être condamné à balayer ?

P. Geluck : Il aurait pu commencer à balayer devant sa porte !

*

M. Dor : J'adorerais faire « Qui veut gagner des millions ? ».

L. Ruquier : Le plus dur, ça va être pour l'appel à un ami... pour que vous en trouviez un !

*

I. Motrot : Les stars ont toujours eu des gourous.

S. Garel : Et des goûts de chiottes aussi !

*

L. Ruquier : On vient d'écouter Claude Nougaro.

P. Geluck : Il chante bien pour un mort !

*

I. Motrot : Cet auteur raconte des faits très simples de gens très simples avec des vies très simples, et pas très gaies pour le coup...

S. Garel : Pour le coup... elle adore cette expression « pour le coup ».

L. Ruquier : D'ailleurs quand elle va chez le bijoutier, elle dit : j'voudrais un collier pour le cou. Le pire, c'est quand elle veut des chaussures !

P. Geluck : Ou des suppositoires !

*

P. Bénichou : On ne t'a pas dit que tu ressemblais au duc de Bordeaux ?

J.-B. Hebey : Non.

P. Bénichou : Tu sais pourquoi ?

J.-B. Hebey : Non.

P. Bénichou : Parce que le duc de Bordeaux ressemble à son père, son père à sa mère et sa mère à mon cul !

*

P. Bénichou : Je le dis : quand on a quatre enfants et plus, c'est pour des raisons religieuses. C'est parce qu'on est contre la contraception.

L. Ruquier : Ma mère a eu cinq enfants...

P. Bénichou : Oui, ils étaient cathos !

L. Ruquier : Non, ils n'étaient pas catholiques... mon père était maladroit !

*

P. Bénichou : T'as jamais fait le service militaire, toi ?

L. Ruquier : Non, j'étais objecteur de conscience.

P. Bénichou : Objecteur de conscience, on appelle ça femmelette, ouais !

*

Steevy : Vous avez pas la lumière à tous les étages, vous, Christine Ockrent !

*

L. Ruquier : Je suis très fier de Miss France, elle est normande comme moi.

Steevy : D'où, de Normandie ?

L. Ruquier : ... De Guadeloupe.

[...]

C. Diament : Les Miss, elles sont très bien faites, elles ont des corps ravissants mais y en a beaucoup qui ont des sales gueules, excusez-moi...

L. Ruquier : Et vous, c'est le contraire ! [...] Cette Miss normande, elle a tout : elle vient d'avoir le bac, elle est en DUT, elle s'appelle Cindy.

P. Bénichou : Si y a bien un prénom vraiment normand, c'est Cindy !

*

P. Bénichou : J'les confonds toujours, moi, Francis Huster et Arielle Dombasle, c'est pas un peu la même chose ?

*

L. Ruquier : Et vous Steevy, vous aimeriez être maire du Mans ?

Steevy : Moi, j'veux juste être urbaniste parce qu'il y a des choses à faire au Mans, c'est une belle ville et faut la mettre en valeur et j'aimerais bien que, pour le prochain mandat, on me nomme urbaniste.

L. Ruquier : Alors votre première mesure en tant qu'urbaniste au Mans ?

Steevy : Déjà, raser ce putain de théâtre qui nous fait chier. C'est une espèce de blockhaus qui est horrible et on voudrait raser ce théâtre.

C. Ockrent : Qui ça, on ?

Steevy : La mairie... enfin les citoyens.

P. Bénichou : Ça me rappelle les débuts de Jack Lang, ça !

L. Ruquier : Y a Christine Ockrent qui est un peu démoralisée. Elle se dit que peut-être, si elle continue ce métier, dans dix ans, elle devra interviewer dans France Europe Express le ministre de la Culture et de l'aménagement du territoire : Steevy Boulay.

Steevy : Non le temps que j'y arrive, je pense que vous serez plus là...

*

L. Ruquier : 150 grammes de plastic ont été déposés dans un bagage par des douaniers pour faire un exercice avec des chiens renifleurs dans un aéroport. Ils ont posé le bagage, ils sont partis avec le chien, et puis, le temps qu'ils reviennent, y a un bagagiste qui a mis le bagage sur le tapis roulant et voilà le bagage parti dans un avion, on ne sait pas lequel.

J.-B. Hebey : Y a un pauvre type qui peut-être a pu se faire arrêter quelque part.

L. Ruquier : Pire que ça, y a peut-être un Corse qui actuellement dit : « Mais j'ai 150 grammes de plus ! »

*

L. Ruquier : Mme de Fontenay a fait un effort. Elle était en concurrence avec le Téléthon puisqu'il y avait le concours des Miss France sur TF1, et ben hop, elle a donné pour son fils !

*

P. Bénichou : En fait, je n'ai pas appris grand-chose au théâtre...

P. Geluck : Même pas ton texte ?

*

L. Ruquier : Y aura-t-il des coquilles Saint-Jacques à Noël ?

P. Bénichou : Et maintenant, la coquille Saint-Jacques !

J. Bonaldi : À ne pas confondre avec la pétoncle !

P. Bénichou : Vous jouez à la pétoncle ? Non je joue à la coquille Saint-Jacques !

*

L. Ruquier : À la une de *Gala*, c'est exclusif, Johnny et Laetitia avec Jade, leur fille adoptive, et il y a douze pages !

P. Leconte : Ils auraient mieux fait d'adopter douze enfants et d'avoir une page !

*

L. Ruquier : Céline Dion a été détrônée au palmarès des cent plus grandes fortunes du Canada en 2004. « Plus gros vendeur féminin », c'est pas joliment dit ça, c'est ce qui est écrit dans l'article.

P. Bénichou : C'est mieux que plus grosse vendeuse !... C'est la plus grosse vendeuse, elle pèse 112 kilos !

*

J. Bonaldi : C'est bien le sapin, faut prendre un Normann, c'est bien, ça dure longtemps.

P. Bénichou : J'y crois pas, même pour le sapin il a des marques à nous refiler !

*

L. Ruquier : Un Français est devenu nº 1 en squash. C'est très rare. Ce sont les Égyptiens qui sont plutôt doués pour ce sport.

P. Leconte : Oui, parce qu'ils jouent de profil avec deux yeux sur le côté, alors ils voient mieux arriver les balles !

P. Geluck : Vous savez qu'il n'y a jamais de salle de squash dans les asiles.

L. Ruquier : Pourquoi ?

P. Geluck : Parce que les murs sont capitonnés et les balles ne rebondissent pas !

*

M. Dor : Le plus difficile quand on fait le foie gras soi-même, c'est pas si compliqué que ça, c'est de dénerver.

L. Ruquier : Oh, vous y arrivez très facilement !

*

L. Ruquier : Manque de sommeil = prise de poids, c'est une étude publiée dans les annales de médecine interne du programme « Sleep today ».

M. Dor : Si tu dis dans les annales avec une étude qui s'appelle « slip »...

L. Ruquier : Non, sleep... dormir, quoi !

G. Miller : Vous savez, quand il y a deux « e », il faut prolonger le « i ».

L. Ruquier : Oui, deux *œufs* dans le slip, c'est normal !

*

P. Wermus : Souvent j'appelle Isabelle Alonso au téléphone et elle ne me répond pas, ce qui n'est pas très bien élevé. Pourtant c'est une gentille fille.

I. Alonso : J'réponds toujours quand on m'appelle au téléphone !

P. Wermus : Non, non, j'vous appelle régulièrement et vous ne me donnez pas de vos nouvelles et en général c'est pour vous proposer des choses en tout bien tout honneur !

L. Ruquier : Peut-être justement parce que c'est en tout bien tout honneur qu'elle ne vous répond pas !

P. Wermus : Mais je ne mange pas de ce pain-là, je ne suis pas un garçon facile...

L. Ruquier : Si vous l'appeliez pour lui dire : « Isabelle, je t'aime, tu es un canon de beauté »... elle vous répondrait croyez-moi, elle ne laisse jamais passer une occasion... même une vieille occasion !

*

P. Wermus : Je suis prêt à me confesser en tout bien tout honneur.

P. Sled : Tu dois avoir des trucs à te reprocher parce qu'à chaque fois tu dis « en tout bien tout honneur ».

I. Alonso : Ça veut dire exonéré de sexe, c'est ça ?

P. Wermus : Non, alors là, vous touchez à ma vie privée !

P. Sled : Non, le sexe c'est pas ta vie privée, c'est ta vie imaginaire !

*

P. Vandel : Nicolas Vannier, le réalisateur du *Dernier Trappeur*, qu'est-ce qu'il a fait du husky ?

L. Ruquier : Quel husky ?

D. Évenou : Il a deux huskies !

L. Ruquier : Non, non, non, y a qu'aux sports d'hiver qu'on a *une paire d'husky* !

*

L. Ruquier : Paul, vous pourriez faire partie du jury de l'élection de Mister France !

P. Wermus : Qu'est-ce que j'irais faire là-bas, moi ?

L. Ruquier : En tout cas, y a du beau monde dans le jury : Eddie Barclay...

P. Wermus : Ah, il vit encore ?... Eddie Barclay d'habitude, c'est plutôt les concours Miss France, là il nous fait Mister France ?

P. Sled : Ils lui font croire que c'est Miss France, là il ne voit plus bien...

L. Ruquier : « Tiens, elle a des couilles cette année ? »

*

L. Ruquier : C'est le titre de *France-Soir* ce matin, « L'ordinateur portable nuit à la fertilité : l'ordinateur sur les genoux, le sperme en prend un coup ».

P. Sled : Comme quoi, vaut mieux avoir la secrétaire sur les genoux plutôt que l'ordinateur !

*

L. Ruquier : Isabelle Alonso, vous êtes pour allumer les phares le jour, vous ?

I. Alonso : Absolument.

D. Évenou : Ce qu'il faut, c'est ne pas oublier de les éteindre.

I. Alonso : Normalement quand tu enlèves le contact, ça fait bip.

L. Ruquier : Pas sur la voiture de Danièle !

I. Alonso : Elle a une dauphine, elle ?

L. Ruquier : Oui, parce qu'elle n'a pas gagné le concours !

*

L. Ruquier : Moi, ce qui m'intéresse, c'est votre vision de la journée d'un comédien, Pierre.

P. Bénichou : Je ne connais rien de plus vide qu'une journée d'acteur : ils vont faire des courses, des fois ils vont aux puces, en général ils s'emmitouflent soi-disant pour ne pas être reconnus... pour être encore plus reconnus, tiens !..., on dit : « Quelle simplicité... », après ça ils rentrent et ils disent : « Il faut que je mange des sucres lents », alors tu dis : « Mais pourquoi des sucres lents ? — Parce que, jouer, c'est un peu comme du sport de haut niveau. » Tu penses, ils vont poser leur cul sur une chaise pendant vingt minutes, parce que tout le monde n'a pas des rôles aussi importants que le mien !

*

L. Ruquier : Y aura-t-il de la neige à Noël ? s'interrogent les stations de sports d'hiver.

P. Bénichou : Ils devraient faire des manifestations pour demander des indemnités maintenant... « Le temps se réchauffe »... moi, je connais un mec qui a huit hôtels à Morzine, à Megève, à Chamonix... j'espère qu'on va lui donner une subvention. Le temps se réchauffe, c'est quand même pas sa faute syndicalement !

*

L. Ruquier : Qu'est-ce qu'il y a, Sophie ?

S. Garel : On était en train de parler de la beauté physique de chacun d'entre nous et de celle de Pierre car c'est lui qui avait la parole...

P. Bénichou : Pas du tout, je parlais de la sienne aussi, je disais que si nous avions des peaux à nulle autre pareilles, c'est parce que, quand nous étions petits en Algérie, on se lavait et, en guise d'éponge, nous avions des boules d'alpha, alors j'lui touchais ses mains, elle touchait les miennes, le désir est monté lentement...

S. Garel : Lentement, parce qu'il n'est plus tout jeune !

*

L. Ruquier : Vous allez à la messe vous, Marie Laforêt ?

Marie Laforêt : Oui, et c'est vrai qu'ils font beaucoup de choses à l'église Saint-Eustache, ils ont la soupe tous les jours, ils se donnent un mal de chien. C'est vrai que c'est un endroit extraordinaire. Hier, je suis allée déjeuner chez eux, tiens !

L. Ruquier : Ah, bon ? Je vous remercie ! Vous n'avez pas assez mangé à la maison ? Elle était chez moi à la campagne, ce week-end, elle rentre chez elle et elle va bouffer de la soupe à Saint-Eustache !

*

I. Alonso : Ce que j'ai remarqué sur la compagnie aérienne EasyJet, c'est qu'il y a de la publicité sur les sacs à vomi... pendant que tu vomis, tu peux lire la pub !

L. Ruquier : Moi, c'est le contraire, c'est pendant que je vois la pub que je vomis !

*

L. Ruquier : C'est la première fois en France qu'on sépare des siamois attachés par le dos.

I. Alonso : Je me souviens d'un roman américain qui commence par une scène terrible où ce sont deux siamois qui ont vécu toute leur vie en tant qu'artistes de cirque et un matin y en a un qui se réveille et qui s'aperçoit que son frère est mort, et donc il va lui-même mourir.

L. Ruquier : Ben, c'est ce qui arrivera le jour où un des deux frères Bogdanov décidera d'aller sur TF1 et l'autre de rester sur France 2 !

I. Alonso : Oui, mais ils sont pas siamois, eux, ils ont chacun leur menton, chacun leur joue...

L. Ruquier : Leur !... Leur ! Vous êtes bien optimiste en disant que c'est le leur !

*

L. Ruquier : 40 % des automobilistes français allument leurs codes de jour hors agglomération. Plus ça va, plus les chiffres progressent au grand malheur des motards.

I. Alonso : J'ai pas très bien compris le problème des motards parce qu'on les voit très bien arriver, quand y a un phare, c'est un motard, quand y en a deux, c'est une voiture non ?

L. Ruquier : Oui, mais quand t'es bourré, tu sais plus !

[...]

P. Wermus : Non, mais on veut faire des économies d'énergie et en plus on vous demande d'allumer vos codes dans la journée !

L. Ruquier : Pour faire des économies, moi, la nuit, je ne les allume plus !

*

L. Ruquier : Reparlons de l'adoption de la petite Jade par Johnny et Laetitia.

I. Alonso : Il a beaucoup changé, Johnny, parce qu'un jour Sylvie Vartan a dit quand David était petit : « Je ne laisse pas mon fils à Johnny, j'ai trop peur qu'il l'oublie dans un café ! »

L. Ruquier : Dans *Gala* on nous dit pourtant qu'il lui a même chanté « Love me tender » à Jade, rien que pour elle.

I. Alonso : Pauvre gosse !

L. Ruquier : Il ne lui a pas chanté que ça parce que, quand elle se réveille la nuit, il l'entend pleurer et bien évidemment elle n'est pas encore propre à son âge et elle avait les couches toutes mouillées et il lui a chanté : « Retiens-toi la nuit ! »

J. Bonaldi : Ah, d'ailleurs il y a un très beau film sur l'adoption, c'est *Holy Lola* de Bertrand Tavernier. Un film beau, malin, sensible, intelligent, c'est le contraire d'Hollywood, c'est du beau film français.

L. Ruquier : Et Johnny a été énormément marqué par ce film parce qu'il paraît qu'en arrivant au Viêtnam, partout où il passait il faisait « Tavernier ! ».

*

P. Bénichou : Avec *Pif Gadget* y avait des « piffies », alors je me suis demandé, comment est-ce que, quand on remet ces « piffies » dans l'eau, ça se remet à revivre ?

L. Ruquier : C'est ce qu'on a essayé avec Cousteau et ça n'a pas marché !

*

L. Ruquier : C'est « On va s'gêner » jusqu'à 18 heures avec Caroline Diament, Christine Ockrent, Philippe Geluck, Pierre Bénichou et Gérard Miller... euh, Patrice Leconte... pardon...

P. Bénichou : Non, mais Gérard Miller, c'est vrai que tu l'as dit comme ça en te trompant, mais pour moi il sera toujours vivant, il sera toujours avec nous. Y a des souvenirs qui valent autant qu'une présence et qui coûtent moins cher !

*

L. Ruquier : Pierre, est-ce que vous ne pourriez pas un soir au théâtre de La Renaissance jouer avec Jean Benguigui entièrement avec l'accent oranais ?

P. Bénichou : Mais bien sûr, pour te faire rire et qu'on soit renvoyés !

L. Ruquier : En plus, Gérard Hernandez, qui prendra votre succession à partir de janvier, pourra à peu près prendre le même accent !

P. Bénichou : Pas du tout, ne lui dites pas ça... c'est une grande d'Espagne, elle !

*

P. Geluck : Mais Pierre, est-ce que vous pensiez sincèrement qu'après avoir taillé des costards à vos collègues à Paris pendant quarante ans, vous alliez vous attirer un concert de louanges pour votre prestation au théâtre, fût-elle brillantissime ? Ce qu'elle est.

P. Bénichou : Je crois qu'en fait ça me fait espérer dans l'humanité, ça... parce que je les croyais plus serviles qu'ils n'étaient !

*

P. Bénichou : Je voudrais continuer le poème que j'ai commencé tout à l'heure :

Rien n'est simple ni singulier
La mer est dans les yeux du ciel ou de la nuit
La forêt donne aux arbres la sécurité
Et les murs des maisons ont une peau commune
Et les routes toujours se croisent.
Les hommes sont faits pour s'entendre
Pour se comprendre pour s'aimer
Ont des enfants qui deviendront pères des hommes
Ont des enfants sans feu ni lieu
Qui réinventeront les hommes
Et la nature et leur patrie
Celle de tous les hommes
Celle de tous les temps.
Paul Éluard, 1945.

P. Leconte : Laurent, on devrait rajouter ça dans « Grosse Chaleur », parce que c'est un passage qu'au moins il connaît par cœur !

*

L. Ruquier : « Le temple Shaolin » est au Casino de Paris dans une ambiance très, très zen, on n'entend pas une mouche qui vole dans le public.

C. Ockrent : Sinon, elle est tranchée !

L. Ruquier : Exactement, tout l'art du moine Shaolin, c'est la concentration, c'est l'esprit plus que la force et c'est certainement ce qui peut permettre de *trancher* un insecte avec une épée !

P. Geluck : Mieux, de lui couper juste les ailes...

P. Bénichou : Un mec qui *tranche* des insectes, il finit par enculer des mouches !

*

C. Diament : Non, mais sérieusement, j'ai attaqué la gym il y a un mois seulement.

P. Geluck : Mais elle s'est bien défendue en tout cas !

*

I. Mergault : Mais je ne vois pas la tête qu'elle a, Marta Barrière, elle est comment ?

P. Bénichou : Elle non plus elle voit pas... elle a été tellement tirée qu'elle a les yeux au milieu du crâne maintenant !

L. Ruquier : C'est bien simple, elle a la marque de la montre autour du cou ! [...] On a le *Gala* de cette semaine, une page entière y est consacrée à cette belle histoire qui existe entre Marta et Steevy.

J.-L. Lemoine : Vous avez menti, c'est pas Marta, c'est Yvette Horner !

I. Mergault : Non, c'est pas parce qu'elle a tout en accordéon qu'il faut dire ça...

[...]

D. Évenou : Qu'est-ce qu'elle a dans les mains, Marta ? Un chien ?

J.-B. Hebey : Non, c'est le sexe de Steevy !

*

P. Bénichou : Quand mes deux aînés âgés de 15 et de 13 ans ont voulu avoir un deux-roues, je leur ai dit : « Non, non, non... ». Ils ont dit : « Oui, oui, oui... » Leur mère a dit : « C'est la mode, tout ça... », ma femme, c'est pas un prix Nobel... Donc j'ai dit : « Moi, je vous préviens, le jour où je vous vois avec un deux-roues vous appartenant, moi, je quitte la maison ! » Eh ben, ça a marché, ils ont pas eu de deux-roues. Je leur ai promis qu'à 18 ans ils auraient une voiture... Ils l'ont eue à 27 ans quand ils ont gagné leur argent !

*

I. Mergault : Quand on voit Paul Wermus, on ne s'étonne pas qu'il mange du gras-double !

P. Wermus : C'est n'importe quoi, c'est une agression gratuite et sans humour !

I. Mergault : Au niveau des bajoues, ça se voit quand même !

L. Ruquier : Il a des bajoues, notre ami Paul ? Non, baissez *un peu la bajoue* qu'on voie !

P. Wermus : Non, 1,78 mètre, 75 kilos, c'est un poids normal, voilà !

I. Mergault : Oui, mais il a tout condensé dans les joues !

L. Ruquier : On n'attaque pas les joues, c'est un sujet sensible...

G. Miller : Mais vous savez, Laurent, qu'avant de vous connaître, je ne savais même pas qu'on pouvait grossir des joues, je l'ai découvert avec vous.

L. Ruquier : Ben oui, c'est comme ça, je ne grossis pas du corps, je n'ai pas de ventre, mais je grossis des joues et je vous emmerde avec mes joues... Ah, c'est malin, Wermus, d'avoir amené vos joues !

*

P. Bénichou : Il ne manque pas d'humour, Giscard... un jour dans un déjeuner de presse il avait dit : « Évidemment j'ai fait un discours assez ennuyeux et je suis habitué à ce qu'on regarde sa montre dans les discours officiels. Mais là, c'est allé un peu plus loin, quelqu'un a secoué son poignet pour voir si sa montre n'était pas arrêtée ! »

*

P. Bénichou : Quand même, ce sera le plus beau jour de ma vie le jour où il n'y aura plus de neige à 3 000 mètres et que tous les marchands de skis, de fractures de la cheville, les marchands de triple fracture du fémur diront : « Y a plus de neige, qu'est-ce qu'on fait ? »... Ben, tu recommences avec tes chèvres, connard !

*

L. Ruquier : Je pense que Pierre, s'il postulait, il pourrait être élu à l'Académie française.

S. Garel : Déjà, il postillonne un peu !

*

L. Ruquier : L'ardente coéquipière de Victor Iouchtchenko, le nouveau président d'Ukraine, Youlia Timochenko qui est à l'origine de la révolution orange et qui est très jolie, a été emprisonnée quelques mois pour corruption. Aussitôt après sa libération elle a fait alors alliance avec Iouchtchenko. Ses détracteurs la présentent comme une arriviste forcenée et une manipulatrice.

P. Sled : Tu sais comment on la surnomme là-bas ? *L'Ukraine Borgia !*

*

L. Ruquier : Je vous emmène en Australie où un surfeur vient d'être dévoré par deux requins. C'est assez terrible ce qui s'est passé. Le squale de 5 mètres de long a mordu le jeune homme au bras avant de l'entraîner sous l'eau avant qu'un second requin ne s'acharne sur le surfeur !

P. Sled : C'est la deuxième lame !

L. Ruquier : Oui, c'est les requins Gillette.

*

L. Ruquier : Est-ce que vous bricolez, vous, Paul Wermus ?

P. Wermus : Absolument pas, je ne sais pas planter un clou, je ne sais pas peindre, quand il s'agit d'électricité, je ne sais pas... je me suis fait coincer dans l'ascenseur avant hier...

I. Alonso : Tout seul ?

P. Wermus : J'étais tout seul avec mon chien.

I. Alonso : Pauvre bête !

L. Ruquier : Et vous êtes resté combien de temps dans l'ascenseur ?

P. Wermus : Trois quarts d'heure, une heure.

I. Alonso : Ça n'a rien à voir avec le bricolage !

P. Wermus : Ah si !... un bricoleur, il arrive à sortir de l'ascenseur.

J. Benguigui : Ah non... un bricoleur, il sait qu'il ne faut pas essayer !

[...]

L. Ruquier : Et vous habitez à quel étage, Paul ?

P. Wermus : Au premier.

L. Ruquier : Alors là, vraiment... y a une punition pour les fainéants !

P. Wermus : Mon chien est vieux, je ne vais pas lui faire monter les escaliers !

*

L. Ruquier : On avait offert un hula hop à Régine, elle en a fait une ceinture !

*

P. Wermus : Vous devez être agressée dans la rue, Marie Laforêt, avec ce manteau de vraie fourrure.

Marie Laforêt : Pas par le froid en tout cas !

*

L. Ruquier : Maureen Dor s'est écartée de Pierre Bénichou. Vous avez peur de Pierre, Maureen ?

M. Dor : Oui, de ses mains baladeuses...

P. Bénichou : Non, mais comment tu peux dire ça ? Si les gens me voyaient à la télé et qu'on verrait mes belles mains et qu'on te verrait... ils diraient : Comment ? Il va balader ses mains là-dessus ?

*

M. Dor : Ils sont vachement bien dans cette librairie de BD, ils m'ont conseillé une BD, alors je voudrais le dire parce que j'ai découvert un auteur qui s'appelle Manu Larcenet.

P. Bénichou : Ah... Manu Lancenet... Manu Lancenet... pourquoi pas Émile Zola aussi ? Y a plus connu que Manu Lancenet ?

P. Geluck : Non, c'est Larcenet !

P. Bénichou : Moi, je dis Manu Larcenet... tout le monde dit Lancenet, mais c'est Larcenet !

*

L. Ruquier : La mairie de Paris instaure des manèges gratuits pour les enfants pendant la période de Noël.

M. Dor : C'est cher les manèges, c'est à peu près 2 euros le tour.

P. Cochin : Surtout quand tu colles un gosse sur un manège, il ne se contente jamais d'un tour !

L. Ruquier : Mais souviens-toi, Jospin qui pleurait : « J'veux un deuxième tour ! J'veux un deuxième tour ! »

P. Bénichou : Y a beaucoup de misère de voir les enfants qui regardent les manèges tourner qui peuvent pas monter dedans. Mais jusqu'où on va aller dans la connerie ?... Les pauvres petits... parce que les manèges sont trop chers, il y a des manèges gratuits... mais changez la société au lieu de changer des manèges pour enfants, bande de cons ! Non mais c'est vrai, si vous voulez faire de la politique, faites de la politique... occupez-vous des handicapés plutôt que de vous occuper de ces conneries !

P. Geluck : Mais ne mettez pas des handicapés sur des manèges, Pierre, parce que, si vous oubliez de mettre le frein, ils tombent !

L. Ruquier : En plus, les handicapés, ils n'ont pas besoin de monter dans une petite voiture, c'est débile !

*

P. Cochin : J'ai Bac + 7 et le programme de 3e, je trouve ça ardu.

P. Bénichou : Bac + 7 ? Vaut mieux entendre ça que d'être sourd. Bac + 7, ça veut dire quoi ? Ah oui, t'as fait 7 ans d'études après le bac ?

P. Cochin : C'est ça.

P. Bénichou : T'aurais mieux fait d'avoir ton bac la 1re année !

*

D. Évenou : Comment on appelle ce qu'on met dans l'oreille, ce que je n'ai pas, un... quick mains libres ?

J.-B. Hebey : Un kit mains libres !

L. Ruquier : Un Quick mains libres, c'est un hamburger qu'on te fout directement dans la gueule !

*

P. Bénichou : C'est vrai que de voir cette humanité si diverse qu'on voit à Paris... entre les nantis et les autres et qui ont tous des automobiles... je comprends Delanoë ; ou alors c'est un truc de riche ou alors c'est un truc de pauvre... mais on ne peut pas tous ensemble avoir des autos !

*

L. Ruquier : Un e-mail d'auditeur, Rémy écrit : « Mais comment ce petit bedonnant et redondant de connard de Jean-Bernard Hebey ne sait pas comment sont faites les plaques d'égouts... Je tiens à le dire, les plaques d'égouts sont en fonte et pas en acier ! Quant à Jean-Bernard Hebey, c'est un connard avec un cerveau en plomb et à présent je termine car je dois aller couler un bronze. »

*

L. Ruquier : Le boucher qui a gagné 26 millions d'euros, 170 millions de francs, 17 milliards de centimes, il annonce qu'il part pour la Californie. Il est célibataire, il habite Bègles, la ville où on peut se marier quelle que soit sa sexualité. Franchement, quitter Bègles pour aller à San Francisco, c'est idiot !

*

L. Ruquier : Gilbert Montagné menaçait de faire grève de la faim si on ne faisait pas plus d'effort pour les handicapés.

P. Bénichou : Il a estimé que les pouvoirs publics avaient fait leur devoir ou pas ?

L. Ruquier : Non, pour l'instant non, mais il mange en douce... il se dit : « Pas vu, pas pris ! »

*

L. Ruquier : Les otages français sont libérés, c'est bien pour les otages et pour leur famille qui vont pouvoir passer un bon Noël.

P. Bénichou : Ah oui, ce Noël, qu'est-ce qu'on en aura parlé !... Noël... Noël... Noël... c'est formidable que ces deux confrères qui sont des hommes sympathiques, charmants, soient libérés et on a l'impression que toute la vie se résume à : « Ils passeront Noël. »

D. Évenou : Le drame, c'est pour leur famille qui n'a que deux jours pour trouver les cadeaux !

*

L. Ruquier : Pierre, vous allez être dans le *Quid* à la rubrique comédien, on m'a promis !

D. Évenou : C'est pas vrai !

P. Bénichou : Non, dans le *Guinness des records* peut-être.

L. Ruquier : Rien ne l'arrête !

P. Bénichou : Non, mais c'est vrai, il n'y a jamais eu un débutant de mon âge qui ait joué le premier rôle dans une pièce de théâtre à Paris. Ça n'est jamais arrivé. J'ai fait faire l'enquête.

L. Ruquier : C'est pas vrai ?... Alors là, on va vous faire entrer dans le *Guinness des records* !

P. Bénichou : Oui, c'est quand même un peu mieux que le *Quid* à côté de Gérard Miller !

L. Ruquier : Il y a votre photo aussi, Claude, dans le *Quid*.

C. Sarraute : Oui, ça ne m'étonne pas, je suis partout.

L. Ruquier : Y a votre photo parce que je m'en sers comme marque-page !

*

I. Mergault : Mais je n'avais jamais remarqué, Paul Wermus, à quel point vous étiez poilu... il est tellement poilu qu'il est obligé de souffler sur sa montre pour voir l'heure !

*

L. Ruquier : C'est Grégory qui a gagné la Star Ac.

P. Bénichou : C'est quand même une belle revanche pour ce petit Grégory qui avait si mal commencé sa vie !

*

P. Wermus : Est-ce que vous avez remarqué, quand vous avez un écran plat, quand vous êtes sur le côté, vous ne voyez rien, y a plus de couleurs, c'est tout fade, faut être au milieu pour bien voir.

I. Mergault : Mais pourquoi tu regardes la télé de côté, toi ?

P. Bénichou : Parce qu'il la méprise !

*

L. Ruquier : Qui se déguise en Père Noël pour ce soir ?

P. Vandel : Ah, j'ai lu un papier d'un psy qui dit qu'il ne faut surtout pas faire ça parce que, si l'enfant reconnaît son père, ça crée en lui un traumatisme.

G. Miller : Moi, je dis : démerdez-vous avec ça... c'est vraiment pas un sujet pour les psys. C'est un sujet plutôt léger.

L. Ruquier : Ce que je trouve dingue, c'est cette arrivée soudaine de la Mère Noël. Moi, quand j'étais petit, je n'avais jamais entendu parler de la Mère Noël. Maintenant voilà qu'il faut qu'il baise, le Père Noël ! Tu vas voir que bientôt il va y avoir des Pères Noël gays. Les associations homosexuelles vont dire : « Y a pas de raisons qu'il ne soit pas gay ! » et alors, bientôt, on aura des Tatas Noël !

*

L. Ruquier : *Paris Match* a eu le temps de faire une nouvelle couverture consacrée aux otages libérés, c'est à signaler parce que les autres hebdomadaires n'ont pas forcément eu le temps de le faire. *Match* avait prévu une première couverture avec Michel Drucker et Céline Dion.

I. Motrot : Qui sont libres aussi !

L. Ruquier : Elle est quand même l'otage de René... « Céline Dion et Michel Drucker : vingt ans d'amitié pour Noël, elle l'invite dans son palais de Montréal. » Des photos intimes avec son mari et son fils. Ce sont des belles images !

S. Garel : Mais y a déjà les photos avant qu'il y soit allé ? *Paris Match* est formidable !

L. Ruquier : C'est le décalage horaire... regardez la table de Noël chargée de bougeoirs et de décoration de Céline Dion dans son château.

S. Garel : Je n'aimerais surtout pas y manger parce qu'il y a une couche de poussière depuis le temps qu'elle est mise, cette table !

L. Ruquier : Moi, je n'irai pas dîner chez Céline Dion et René parce que, si c'est comme pour le gosse, tout est congelé !

*

L. Ruquier : Sophie, vous aimez offrir un livre pour Noël ?

S. Garel : Oui j'en offre beaucoup, d'autant que j'en reçois gratuitement ici !

L. Ruquier : Ça c'est un truc affreux, on ne fait pas ça, quand même !

S. Garel : Ah, mais je n'offre pas ceux qui sont dédicacés !

Janvier

L. Ruquier : Les règles du divorce vont changer, on va pouvoir divorcer plus facilement.

P. Bénichou : Quand on nous dit qu'un couple sur trois en France divorce, je trouve que ce n'est pas une chose tellement gaie et de se réjouir qu'on puisse divorcer encore plus facilement qu'on le faisait, je ne trouve pas ça tellement bien.

C. Sarraute : Moi, je suis d'accord avec toi, Pierrot, les gens divorcent trop facilement, j'en parle à mon aise, bien sûr.

P. Bénichou : Vaudrait mieux en parler à ton *ex* !

*

C. Sarraute : Les croûtes... qu'est-ce que c'est bon !

L. Ruquier : Attendez, Claude, qu'est-ce qui est bon ?

C. Sarraute : Tu sais, quand tu tombes, ça fait une croûte, ben si tu en manges, c'est un délice.

(Un Ohhhhhhhh général.)

P. Bénichou : Heureusement que j'étais pas libre jeudi dernier, elle m'a dit : « Viens casser une petite croûte à la maison ! »

*

L. Ruquier : On peut vous demander vous, Pierre Sled, si avec Sophie Davant vous faites lit à part ?

P. Sled : Non, non, mais c'est vrai que « lit à part » c'est bien de temps en temps... surtout avec quelqu'un d'autre !

L. Ruquier : Non, mais écoutez, on entend de ces trucs ici, moi qui suis pour le modèle familial, le couple type, enfin plutôt le couple 2 types !

D. Évenou : Ce qui est important, c'est d'avoir le même matelas, parce qu'il y a des gens qui dorment dans le même lit avec 2 matelas différents. Quand tu veux faire l'amour, le matelas s'écarte.

L. Ruquier : Ah oui, ce sont 2 matelas d'une personne au lieu d'un matelas de 2. C'est terrible on se retrouve toujours au milieu.

P. Bénichou : Mais non, tu ne mets qu'un drap sur 2 matelas !

L. Ruquier : On tombe toujours dans la raie en tout cas !

*

L. Ruquier : Ce qui est épatant au Lido, c'est la contorsionniste.

M. Dor : Incroyable, je suis d'accord avec vous... et on n'est pas déçus !

L. Ruquier : Non, on n'est pas déçus. La contorsionniste, elle est sur un cube et puis...

M. Dor : Ah moi, je l'ai vue sur un trapèze !

P. Geluck : Ah oui, à la fin du truc, elle a *la tête dans le cube* tellement elle est souple !

*

P. Bénichou : Ce qu'elle est jolie Brigitte Fossey comme fille !

L. Ruquier : Est-ce qu'il se passe des trucs en coulisse, sexuellement, entre les partenaires ?

P. Bénichou : Oui, surtout entre Benguigui et moi !

P. Geluck : Ça trombone en coulisse !

*

Marie Laforêt : Céline Dion ne chante jamais en direct à la télé.

C. Diament : Non !

Marie Laforêt : Si, simplement à la télé, parce qu'elle préfère que le son soit parfait.

L. Ruquier : Nous-mêmes, on est en play-back, on a enregistré cette émission ce matin mais on bouge les lèvres l'après-midi !

*

J.-L. Lemoine : Vous ne faisiez pas de blagues au téléphone quand vous étiez petit ? Du genre : « Allô, monsieur Lelièvre ?... pan ! »

J. Bonaldi : Ah ouais... et à 3 heures du matin « Allô, monsieur Lazare ? Lève-toi et marche ! »

C. Diament : Moi, j'en faisais mais dans la journée, j'appelais la pharmacie avec ma petite sœur avec une petite voix : « Bonjour, madame, ma sœur elle est malade, est-ce que vous pourriez me dire combien ça coûte un thermomètre ? » Alors elle répondait gentiment, elle nous donnait le prix et je disais : « Ah ben, c'est trop cher, vous avez qu'à vous le mettre dans le cul ! » Je rappelais 3 minutes après en me faisant passer pour ma mère : « Je suis désolée, ma fille vient de faire une plaisanterie... ben vous pouvez retirer le thermomètre ! »

J. Bonaldi : Moi, j'allais à la papeterie du coin, je lui demandais : « Est-ce que vous avez des règles vertes ? Oui ? Oh ben, dis donc, ça doit être bizarre quand même ! »

*

L. Ruquier : Ce matin, *Le Parisien* a choisi de titrer sur la réforme de la Sécurité sociale et les fameux formulaires où on nous demande de choisir notre médecin traitant.

C. Diament : Ça me stresse, ça !

J. Bonaldi : Il faut que le médecin traitant soit l'entonnoir, le récipiendaire de toutes les analyses que tu vas faire.

L. Ruquier : Un médecin avec un entonnoir, moi, j'le prends pas !

C. Diament : Mais est-ce que tu veux dire que tu es obligé de passer chaque fois que tu es malade chez ce médecin traitant ?

P. Vandel : Sauf pour le gynéco et le dentiste.

L. Ruquier : Et si vous avez des dents à cet endroit-là, inquiétez-vous... j'y mets pas ma bite !

*

L. Ruquier : Vous avez un seul médecin vous, Marie Laforêt ?

Marie Laforêt : Oui, il est en Suisse.

L. Ruquier : C'est un médecin qui a réussi !

*

C. Diament : Je ne pars pas en vacances très souvent comme je n'aime pas l'avion, donc on a décidé avec mon mari de faire un très beau voyage tous les trois-quatre ans, comme ça, j'ai le temps de me remettre du voyage.

L. Ruquier : Et du mari...

*

L. Ruquier : Dans *Libé* ce matin, on apprend qu'un garçon a poursuivi la prison de Caen devant la justice pour lui avoir infligé volontairement la fumée de ses codétenus. C'est un ex-fumeur et il assure avoir rechuté à cause du tabagisme de son compagnon de cellule. Des tas d'associations de défense des non-fumeurs se disent effectivement : « Pourquoi il n'y aurait pas des cellules fumeurs et des cellules non fumeurs ? »

P. Vandel : C'est vachement intelligent, je trouve ça très juste.

J.-L. Lemoine : C'est vachement intelligent parce qu'en plus, la fumée, elle ne passe pas à travers les barreaux !

C. Diament : Non, mais on ne va pas le dédommager, il a dû commettre un délit.

J. Bonaldi : Est-ce une raison ?

L. Ruquier : On peut le condamner à deux ans de prison, pas à un cancer quand même !

J.-L. Lemoine : Elle est contre le passage à tabac !

L. Ruquier : Il paraît que certains détenus avaient fait cette réclamation. Juste avant d'entrer en prison ils avaient demandé d'être seul ou d'avoir un compagnon de cellule non fumeur.

P. Vandel : Faut pas rêver, y a quatorze mecs d'1,90 mètre...

L. Ruquier : Fume, c'est du Belge, oui !

*

L. Ruquier : Ce film sur Hitler qui s'appelle *La Chute* fait beaucoup parler. En tout cas il paraît qu'il n'y a pas de prix d'entrée fixé si vous allez au cinéma aujourd'hui, il paraît qu'on paie ce qu'on veut quand on va voir ce film.

C. Diament : Non !

L. Ruquier : La guichetière dit : « *À votre bunker* », messieurs dames !

*

L. Ruquier : Geluck, est-ce que vous pouvez nous donner quelques infos sur Wil Eisner qui vient de mourir à l'âge de 87 ans dont on nous dit qu'il a été vraiment un génie dans l'univers de la BD ?

P. Geluck : Mais oui, mais hélas, il vient de décéder à l'âge de 87 ans.

L. Ruquier : Oui, mais je viens de le dire !

P. Geluck : Bien sûr... parce que j'ai pas beaucoup plus à vous dire !

*

L. Ruquier : Dans *Picsou magazine*, ils ont un petit cadeau pour les enfants, c'est le rat gluant.

P. Wermus : Ça c'est un vieux truc... déjà, moi en classe, j'avais la même chose.

L. Ruquier : Oui, mais dans votre slip !

*

(Juste après le tsunami en Asie.)

L. Ruquier : Vous avez vu les photos de Péri Cochin dans *Gala* ? « Une bourgeoise sans complexe » : deux pages dans le *Gala* de cette semaine, ça fait plaisir à voir.

P. Geluck : On voit vraiment qu'il n'y a pas d'actualité pour qu'ils passent des trucs comme ça !

*

P. Wermus : J'ai rendez-vous avec Françoise de Panafieu tout à l'heure.

L. Ruquier : Méfiez-vous parce qu'elle ne sait peut-être pas que vous ne ramassez pas vos crottes de chien.

P. Wermus : Attendez, vous n'êtes pas gentil de le dire parce que, depuis quelques jours, je fais un gros effort !

J.-B. Hebey : Maintenant c'est son chien qui ramasse ses crottes ! (Celles de Wermus.)

L. Ruquier : C'est son chien qui les publie !

*

L. Ruquier : Le ministre de l'Éducation nationale vient d'être hospitalisé pour examen au Val-de-Grâce... ce n'est pas grave, il souffre juste d'un problème de vertèbres, le dos est bloqué, il devrait être indisponible pendant quarante-huit heures. Je ne savais pas qu'on pouvait être carrément hospitalisé pour un mal de dos.

P. Geluck : Goethe l'avait déjà écrit : « Les souffrances du jeune *vertèbre.* »

P. Cochin : Non, mais d'où l'expression « en avoir plein le dos », c'est qu'il doit en avoir vraiment plein le dos.

L. Ruquier : Monsieur Luc Ferry, lui, n'a jamais eu mal au dos par exemple ?

P. Geluck : Lui, il avait des hémorroïdes, d'où l'expression « en avoir plein le cul » !

*

L. Ruquier : Une élue du 18e arrondissement de Paris a trouvé trois pythons dans la rue juste en face de chez elle.

P. Geluck : En les mettant côte à côte, il y a de quoi faire un passage pour *python* !

L. Ruquier : Oh... les goûts et les *couleuvres*, ça se discute !

P. Geluck : Quelle heure *reptile* ?

L. Ruquier : Je ne peux pas vous le dire parce que notre horloge est comme une vipère, elle n'est pas au point.

*

P. Wermus : En vieillissant, on rapetissie.

L. Ruquier : Vous avez dit on rapetissie, on dit on rapetisse !

J.-B. Hebey : Ce qui prouve qu'en vieillissant, on perd son français aussi !

*

L. Ruquier : Vous avez un grigri sur vous, Patrice Leconte ?

P. Leconte : Oui, c'est une carte Visa !

P. Cochin : Toi aussi, Laurent, t'as ton petit grigri, ton stylo, tu ne le lâches jamais !

L. Ruquier : J'vais vous dire pourquoi j'ai ce stylo, c'est Guy Carlier pour tout vous dire qui me l'a offert, et un grigri d'un gros-gros ça ne se lâche pas !

*

L. Ruquier : Personne n'a fait du shiatsu, ici ?

G. Miller : Si si, j'ai fait du shiatsu, bien sûr.

S. Garel : Bien sûr... qu'est-ce qu'il n'a pas fait !... y a que la psychanalyse qu'il ne fait pas... le reste il fait !

*

P. Bénichou : Le 26 janvier 1793, c'est le guillotinage de Louis XVI.

L. Ruquier : Non, c'est le 21 juin.

P. Bénichou : Oui, le 21... à cinq jours près !

*

L. Ruquier : Nostradamus annonçait le tremblement de terre en Asie. Un quatrain du prophète disait : « Mars et Mercure et l'argent joint ensemble / Vers le midi extrême siccité / au fond d'Asie on dira terre tremble / Corinthe, Éphèse lors en grande perplexité. »

P. Bénichou : En français, ça veut dire : « N'allez pas à Phuket ! »

*

L. Ruquier : Vous qui allez de temps en temps passer quelques vacances sur l'île de Ré, Pierre, eh bien, il y a une chose qu'il vous sera désormais interdite de faire : les maires de dix communes de l'île de Ré vont interdire les lâchers de ballons afin de respecter l'environnement et la vie des animaux marins.

P. Bénichou : Oui, parce que les ballons, quand ils crèvent, ils vont dans la mer et les poissons, ils sont tellement cons, les poissons, ils croivent, les poissons – qu'est-ce qu'ils croivent les poissons ? – ils croivent que c'est d'autres poissons plus petits et ils sont tellement cons, tellement méchants qu'ils les mangent et ils se font une indigestion !

L. Ruquier : Oui, ils sont ballonnés !

P. Sled : Et il y en a beaucoup, des ballons.

L. Ruquier : Comme baudruches qui se dégonflent, vous avez eu Jospin...

L. Ruquier : Pierre, pendant les vacances vous aimiez bien lâcher des ballons ?

M. Dor : Mais ça n'a jamais marché. Moi, tous les ballons que j'ai lâchés, ça a fait cinq mètres. Vous savez, on met son adresse, si vous retrouvez le ballon, on renvoie le mot à telle adresse.

P. Bénichou : Ah, c'est ça cette famille d'Australiens qui est arrivée avant-hier à la maison avec un truc : « Vous m'avez envoyé un message en 1958 », ils sont arrivés, ils étaient dix-sept, dis donc !

L. Ruquier : Des Australiens ?

P. Bénichou : Oui, parce que ça va jusqu'en Australie des ballons, des ballons bien lancés... Moi j'ai un beau-frère qui est pilote, moi je lui confie le ballon et puis il le met directement à Sydney !

C. Alévêque : C'est pas du jeu.

P. Bénichou : Ouais, ce n'est pas du jeu mais je rayonne, moi !... Un ballon, il a beau être bon, ça marche beaucoup moins bien qu'un Boeing... C'est marrant, je crois que Maureen est contagieuse !

*

P. Bénichou : Il est très bien, cet album de Florent Pagny, moi je le mets sans arrêt chez moi, j'ai plus personne à la maison j'suis peinard !

*

L. Ruquier : L'Italie devient non fumeur. Il est interdit d'allumer une cigarette dans les lieux publics. Le slogan maintenant en Italie, c'est : des patchs, des patchs, oui, mais des Panzani !

*

L. Ruquier : J'ai castré mes ânes.

P. Bénichou : T'as castré tes ânes ? Tu te souviens, quand on faisait les photos pour la pièce *Grosse Chaleur*, ils nous poursuivaient comme des fous.

L. Ruquier : Ben, maintenant, ils ne nous enculeront plus !

*

P. Bénichou (tenant Maureen par le bras) **:** Bon, faut y aller !

L. Ruquier : Il nous reste une minute.

P. Bénichou : Mais j'ai retenu au Rapid Hôtel au-dessus du Bijou Bar !

*

L. Ruquier : C'était hier les vœux de Raffarin à la presse. Le Premier ministre est aujourd'hui dans les journaux, il en prend plein la gueule. Vaut mieux pas souhaiter ses vœux à quelqu'un quand ça se passe comme ça !

P. Bénichou : Eh ben, moi, j'vais vous dire une chose, c'est que les journalistes sont des cons et que Raffarin a raison !

L. Ruquier : Ben, il s'est un peu moqué d'eux le Premier ministre, hier.

P. Bénichou : Bien sûr ! Il leur rend le double six à tous, il est là avec son chauffeur, l'hôtel Matignon, des gonzesses à n'en plus finir... t'as le pouvoir absolu et t'as des mecs qui sont là et qui disent : « Au nom de la commission paritaire de la carte de presse, nous pensons que sa cravate... » Qu'est-ce que t'en as à foutre ? Il a une petite bosse et il les emmerde... c'est tout. Il n'est ni dans mes idées politiques, c'est pas quelqu'un qui me fait fantasmer physiquement, il est quand même n° 2 de la France ! C'est quand même pas mal ! Les mecs ils sont n° 18 au *P'tit bleu des Côtes-du-Nord* ! Qu'est-ce qu'il a, ce Premier ministre ? Ce Premier ministre, il t'emmerde !

*

C. Ockrent : Moi, j'aurais su qui était Susan Sontag. Parce que, quand j'ai entendu l'extrait de mes délicieux confrères qui, hier, ont fait l'étalage d'une ignorance...

L. Ruquier : Philippe Alfonsi et Gérard Miller ?

C. Ockrent : Ah non, je ne les nomme pas.

P. Bénichou : Notre drame, avec Christine, c'est qu'on ne sait pas qui sont Philippe Alfonsi et Gérard Miller !

*

J. Benguigui : Le drapeau arc-en-ciel est le symbole de la communauté gay.

P. Bénichou : Y a un drapeau pour la communauté gay maintenant ?

C. Ockrent : Mais oui ! On le voit surtout en Italie, d'ailleurs !

L. Ruquier : Ah non, attention le drapeau arc-en-ciel que vous voyez en Italie, c'est le drapeau pacifiste.

C. Ockrent : Mais on peut être homosexuel et pacifiste !

L. Ruquier : Bien sûr, on peut être homosexuel et *pas s'y fier* !

*

P. Bénichou : Qu'est-ce que vous avez contre Berlusconi, Bush, Raffarin... Il ne faut pas réussir pour vous plaire, hein ?

*

P. Bénichou : Paul Newman, c'est un des rares mecs que j'estime être plus beau que moi.

L. Ruquier : Même Brad Pitt n'est pas plus beau que vous ?

P. Bénichou : J'fais pas la course avec les nains, moi. Je parle des vrais beaux mecs, Paul Newman, Marlon Brando... Brando, il a été plus beau que moi pendant un an !

Y en a un qui est pas mal... c'est Harrisson Ford, comme on dit, Harrisson Ford et moi on peut sortir... Moi et lui on fait du dégât, tu vois ?

J'vous fais bien rire, bande de salauds, parce que vous savez que j'me trouve pas terrible. Eh ben non, j'me trouve pas terrible mais ce n'est pas l'avis des dames !

*

L. Ruquier : J'ai reçu l'e-mail suivant : « Cher Laurent, je vous aime vraiment beaucoup mais vous m'énervez à toujours faire remarquer à Caroline qu'elle a des rondeurs, je trouve cette jeune femme très jolie et très intelligente alors en ce début d'année, cher Laurent, prenez comme bonne résolution de ne plus la taquiner à ce sujet. »

C. Diament : C'est très gentil de me défendre, mais très honnêtement, ça me fait beaucoup rire quand Laurent me taquine sur mes rondeurs.

L. Ruquier : Ah, vous voyez, elle en redemande, la grosse !

*

L. Ruquier : J'ai croisé Philippe Labro et Michel Sardou deux fois à Venise.

C. Diament : Aller jusque-là-bas pour croiser Michel Sardou et deux fois en plus !

L. Ruquier : Toujours aussi sympathique d'ailleurs et Philippe Labro aussi, toujours aussi sympathique... Je ne comprends pas, avec la chirurgie esthétique qu'on fait aujourd'hui, ces deux gars-là ne se sont toujours pas fait greffer un sourire !

*

C. Diament : À propos de Laetitia et Johnny dans « Qui veut gagner des millions ? », je ne sais pas s'il y avait une volonté de la direction qu'ils ne se fassent pas humilier avant 48 000 euros, mais ça ne sentait pas la difficulté énorme.

L. Ruquier : Ce qui est dégueulasse, c'est que, quand Johnny et Laetitia donnent 48 000 euros à l'Asie du Sud-Est, ça revient à leur gamine, finalement !

*

P. Wermus : Je n'ai jamais fait les soldes, d'ailleurs quand vous êtes journaliste, vous allez dans un magasin, on vous fait tout de suite 30 % à 40 % de réduction.

L. Ruquier : Ah bon ?

P. Wermus : Ben oui.

C. Diament : Ce que je trouve dingue, c'est qu'ils vous reconnaissent !

*

L. Ruquier : À la une de *Libération* : « Spéculation immobilière : rues à vendre ». Banques et assurances se délestent de leurs immeubles dans les grandes villes et en banlieue obligeant les locataires à racheter leur appartement ou partir. Lionel Jospin dans le 6e arrondissement, Jeanne Moreau dans le 8e se retrouvent obligés de quitter leur appart parce qu'ils n'ont pas les moyens de l'acheter. Vous vous rendez compte, les nouveaux SDF parisiens : Jeanne Moreau, Lionel Jospin... c'est triste... C'est dommage pour Jeanne Moreau, il venait d'y avoir un ravalement !

P. Vandel : Elle était à la fenêtre.

C. Diament : Oh, une des seules actrices qui n'ait pas fait de chirurgie esthétique !

P. Cochin : Mais tu déconnes !

P. Vandel : Le problème c'est que les outils sont restés coincés à l'intérieur !

P. Leconte : Le fait est que ça ne se voit pas !

*

P. Wermus : Vous remarquerez que, chaque année, on trouve de nouvelles drogues !

L. Ruquier : Faut dire qu'il y a de plus en plus de nouvelles chaînes, aussi !

*

P. Wermus : Dans *Télé 7 Jeux*, il y a un sondage sur le lieu où on fait le plus les mots fléchés. Alors il y a la cuisine, la baignoire, les toilettes...

L. Ruquier : Dans les toilettes, c'est les *mots fait chier* !

*

P. Wermus : J'ai prévu de vous convier à dîner bientôt. Y a de la place, vous me direz combien vous serez.

C. Diament : Deux, Laurent et un ami... C'est lui qui vous a engagé, c'est le seul qui est obligé de venir !

*

L. Ruquier : Il n'y a rien de plus qui m'énerve quand je passe dans une rue où je cherche à me garer, c'est de voir une chaise ou un plot placé devant le restaurant.

P. Cochin : Ah ben moi, je trouve ça très bien au contraire, ça veut dire qu'ils attendent une livraison et qu'ils vont éviter de bloquer toute la rue pendant que le camion décharge.

L. Ruquier : Tu parles, c'est pour un bon client ou pour le patron du resto ! Je n'ai qu'une envie, c'est d'enlever la chaise et de garer ma bagnole... D'ailleurs, comme ça, je me suis fait un service de 6 chaises à la maison... Évidemment je l'ai fait aussi avec des plots, les gens sont moins bien assis mais j'ai du succès avec mes soirées !

*

J.-L. Lemoine : Je vais jouer la semaine prochaine à Charleville-Mézières et à Saint-Dizier.

P. Geluck : Vous allez dans les salles ou vous allez jouer chez des gens ?

*

J.-L. Lemoine : Marie, tu as mis ton collant sur la tête ?

L. Ruquier : Oui, c'est quoi ce truc que vous avez sur la tête, Marie Laforêt ?... Ah, c'est tellement mieux comme ça !

D. Évenou : Alors faut expliquer quand même... Nous sommes à la radio, elle a retiré son chapeau.

J.-L. Lemoine : Merci, Danièle, d'avoir précisé... parce que les auditeurs pensaient qu'elle avait vraiment mis son collant sur la tête !

*

D. Évenou : Par rapport à ce tsunami en Asie du Sud-Est, je connais une famille qui est vivante parce qu'ils faisaient de la plongée sous-marine très, très, très bas...

L. Ruquier : Au Tréport... donc évidemment, ils n'ont rien senti !

*

L. Ruquier : Pour les caddies, j'ai toujours sur moi ma petite rondelle Intermarché.

J.-L. Lemoine : Monsieur aime les mousquetaires !

P. Geluck : Mes compliments !

L. Ruquier : C'est un jour où j'ai eu deux doigts de Porthos !

*

D. Évenou : Ils viennent d'ouvrir un Monoprix en bas de chez moi. Mais qu'est-ce que vont devenir les épiceries arabes de quartier ? On en avait vraiment besoin. C'était chez eux qu'on allait chercher du pain frais à minuit moins le quart !

L. Ruquier : Oui, parce que les épiceries arabes vendent rarement du pain *raciste* !

*

Marie Laforêt : J'ai trois caddies chez moi et au début tout le monde s'est foutu de ma gueule et maintenant dans l'immeuble quand quelqu'un déménage, on vient au 7e étage m'emprunter mon caddie !

L. Ruquier : Parce qu'ils rentrent dans l'ascenseur, vos caddies ?

J. Bonaldi : Ah, c'est des petits modèles ? Ce ne sont pas des 140 litres que tu as ?

P. Geluck : Alors là, on a besoin d'une explication : comment est-ce qu'on peut mesurer le nombre de litres dans un truc où visiblement quand on verse de l'eau ça ne tient pas !

L. Ruquier : Tu regardes Christine Bravo quand elle va faire ses courses !

*

L. Ruquier : Tiens, j'ai vu Pujadas dans un supermarché !

Marie Laforêt : Tu l'as vu ?

L. Ruquier : Il était avec sa femme, elle n'arrivait pas à le sortir du caddie !... J'ai toujours eu la trouille quand je vois les parents mettre des gosses dans les caddies avec les deux jambes qui dépassent : je me dis qu'ils ne vont jamais ressortir parce que souvent les gosses ils bouffent des friandises dans les rayons... ils grossissent... un peu de cellulite et ça ne ressort pas !

P. Geluck : Surtout quand ils sont pressés et, après, quand ils veulent ranger le caddie là où ils sont tous rangés, ils poussent et ils oublient que l'enfant est dans le caddie et alors ça fait des frites d'enfants !

L. Ruquier : Et après les caddies roulent mal, parce que vous avez un bras d'enfant qui reste coincé sous la roue. Y a toujours une roue qui déconne, on pense que c'est une feuille de salade, en fait, c'est un bras d'enfant !

*

L. Ruquier : J'ai du mal à suivre, je n'ai pas fait Danièle Évenou troisième langue !

J.-L. Lemoine : Je crois que tu es le dernier à essayer de la comprendre parce que, pour nous, c'est juste un bruit de fond !

*

L. Ruquier : Vous avez fait l'armée vous, Steevy ?

Steevy : Non, c'était l'année où plus personne ne la faisait.

P. Geluck : Oui, ç'aurait été con de la faire tout seul !

*

L. Ruquier : Une info qui va intéresser Jean-Luc Lemoine et moi-même d'ailleurs parce que Jean-Luc Lemoine et moi sommes des grands timides et on vient de découvrir le gène qui fait rougir.

J.-L. Lemoine : C'est le côtes-du-rhône ?

D. Évenou : Moi, je ne rougis pas mais j'ai très peur, je me glace. Vous, vous rougissez et, moi, je me glace.

Marie Laforêt : On peut voir ?

D. Évenou : Je suis mouillée de la tête aux pieds.

Marie Laforêt : Ah oui, ça c'est autre chose !

*

L. Ruquier : Hier, lors d'une conférence de presse, Denis Chatelier a montré ses mains cinq ans après la transplantation. Il avait eu les deux mains greffées. C'est le Pr Dubernard qui l'avait opéré. Mais c'est vrai que, vivre avec les mains de quelqu'un d'autre, est-ce que c'est possible ? Ne serait-ce que quand tu te grattes le cul !

G. Miller : Ne dites pas que c'est la première main étrangère qui vous touche cette partie du corps !

L. Ruquier : Oui, mais les autres, je sais à qui elles appartiennent, Gérard !

*

L. Ruquier : Gérard Depardieu a été entendu par la justice dans le cadre de l'enquête Khalifa TV et il paraît que Guillaume Depardieu est venu le soutenir. Il était dans la salle des pas perdus !

*

L. Ruquier : Claude nous disait avant l'émission qu'elle n'aurait pas dû venir.

C. Sarraute : Ah non, parce que je me suis cassé deux côtes !

L. Ruquier : Comment ça vous est arrivé ?

C. Sarraute : Je suis tombée de tout mon long sur le côté gauche. Est-ce que vous vous rappelez que je vous ai souvent montré mon porte-bonheur que je portais dans mon soutien-gorge ?

J.-L. Lemoine : Non, tu nous as souvent montré ton soutien-gorge !

C. Sarraute : Mais si, un petit objet très lourd, très rond.

L. Ruquier : Oui, votre sein droit !

C. Sarraute : Et alors je le sortais quand j'étais un peu angoissée, je le faisais jouer dans mes mains et je le remettais dans mon soutien-gorge et là je suis tombée de tout mon long et c'est ce connard de porte-bonheur qui m'a porté malheur !

P. Leconte : On devrait, à la place de l'expression soutien-gorge, dire porte-bonheur.

C. Sarraute : Je suis tombée dans ma chambre, je me suis pris les pieds dans la lanière de mon sac et je me suis étalée sur ce cochon de porte-bonheur. Mon sac était près du lit, par terre...

L. Ruquier : Bien sûr, parce que même la nuit elle a peur des jeunes !

*

L. Ruquier : Je vous emmène sur Titan où on a envoyé une sonde.

C. Sarraute : La sonde a tourné pendant sept ans pour arriver sur Titan, c'est incroyable !

L. Ruquier : Ben, regardez Chirac, il a fallu plusieurs fois sept ans pour arriver jusqu'à l'Élysée, et Dieu sait qu'il avait sondé aussi !

*

L. Ruquier : Une Roumaine de 67 ans vient d'avoir un bébé, elle est devenue la plus vieille femme au monde à accoucher. Elle était enceinte de jumelles.

C. Sarraute : Y en a une qui est morte.

L. Ruquier : ... Ça fait une longue-vue !

P. Leconte : Généralement quand on a des jumelles, on dit comment vont les jumelles, et on répond : « Elles grossissent. »

L. Ruquier : Non, mais quand même, 67 ans, est-ce que ce n'est pas trop ?

C. Sarraute : Mais beaucoup, c'est ridicule !

L. Ruquier : Elles utilisent les mêmes couches, paraît-il. En tout cas, le bébé lui ressemble, tout fripé déjà...

P. Leconte : C'est pas faire des enfants, c'est faire des orphelins !

L. Ruquier : C'est formidable, elle fera ses premières dents quand l'autre fera ses dernières !

J.-L. Lemoine : Ce qui est terrible c'est quand elle va vouloir allaiter, elle va téter de la peau là !

L. Ruquier : C'est formidable, elle allaite et elle lui passe le gant de toilette en même temps... moi, je trouve ça mignon !

P. Leconte : Surtout quand on les imagine toutes les deux manger les mêmes bouillies !

*

J.-B. Hebey : Pour rentrer dans la légende, pour devenir un mythe, il vaut mieux mourir jeune. C'est valable au cinéma et c'est valable également dans la musique. C'est vrai que si Jimmy Hendrix était aujourd'hui toujours vivant, ce serait moins intéressant. Regardez Mike Jagger ou Johnny Hallyday, ils auraient mieux fait de mourir beaucoup plus jeunes plutôt que de vieillir comme moi !

L. Ruquier : Ça dépend, regardez Johnny, je ne sais pas si vous l'avez vu, mais physiquement il va mourir plus jeune qu'à 20 ans !

*

L. Ruquier : « Très bonne année à Christine Ockrent qui est pour moi la femme idéale, nous dit une auditrice. J'aimerais qu'elle soit un jour la première dame de France. »

J.-L. Lemoine : Il va falloir vous marier avec Sarkozy !

*

L. Ruquier : Il est magnifique, cet A380, c'est une fierté européenne.

C. Ockrent : Il va y avoir des casinos, des piscines...

L. Ruquier : Des bars lounges, des cabines couchettes, un night-club, une table de ping-pong...

G. Hernandez : Un hippodrome !

C. Diament : Non, mais c'est génial un casino dans l'avion... t'imagines, t'es en train de gagner pendant que le mec à côté dort... t'entends toutes les pièces qui tombent...

L. Ruquier : Toutes les pièces de l'avion ?

J.-L. Lemoine : Le problème, dans l'A380, c'est que si t'es au premier rang et que les toilettes sont au fond de l'appareil, t'as deux changements !

*

L. Ruquier : Est-ce que vous avez un e-mail personnel, Jérôme Bonaldi, que vous pourriez communiquer ? C'est pour éviter que nos auditeurs nous emmerdent avec leurs questions et vous avec vos réponses !

*

L. Ruquier : Je vais me tourner vers Paul Wermus qui sait tout dans Paris, vous qui fréquentez les dîners et déjeuners mondains...

P. Wermus : Enlever le mot « mondain » immédiatement, ça fait vingt fois que je vous dis que je ne suis pas un chroniqueur mondain, je suis un journaliste !

G. Miller : Enlevez immédiatement le mot « journaliste » !

*

L. Ruquier : *On va s'gêner*, bonjour et bienvenue sur Europe 1 jusqu'à 18 heures, vous allez passer 1 h 30 en compagnie d'Isabelle Alonso, Péri Cochin, Philippe Geluck, Pierre Sled et Paul Wermus... Je vous annonce toujours en dernier pour que les gens restent le plus longtemps possible !

*

P. Sled : J'ai enseigné, j'étais prof de gym à Paris pendant un an et je me rappelle juste d'une chose c'est que j'avais fait virer le fils de Lelouch qui était dans ma classe et qui n'en foutait pas une.

L. Ruquier : Et pour sa fille qui est sur France 2, vous ne pouvez rien faire ?

P. Geluck : Le fils de Lelouch, il énervait tout le monde à l'école parce que, pendant la récréation, il tournait autour des autres !

*

L. Ruquier : Péri, vous avez dit vouloir vous faire refaire vos cernes par chirurgie esthétique ?

P. Geluck : Attendez... refaire les cernes, ça ne sert à rien, il vaut mieux les faire enlever parce que les refaire...

L. Ruquier : Ce n'est pas sa faute si elle est *con cernée* !

P. Cochin : J'aurais mieux fait de me taire !

L. Ruquier : Et vous allez refaire vos seins aussi ?

P. Geluck : Avec la peau récupérée dans les cernes !

*

L. Ruquier : Le prince Harry s'est rendu à un bal costumé vêtu d'un costume nazi avec une croix gammée sur le bras. Qu'est-ce qui lui est arrivé, au prince Harry ? Y a quelqu'un qui l'a mal conseillé ?

P. Sled : Je me demande ce que fait sa mère !

*

L. Ruquier : Un record : 36 392 permis de conduire ont été retirés ou invalidés en 2004 à cause du système du permis à points. On peut perdre quasiment tous ses points d'un coup. Qui a encore tous ses points sur son permis ?

I. Alonso : Moi !

L. Ruquier : J'ai vu Jamel l'autre jour ; lui, il conduit avec un poing en moins !

*

L. Ruquier : On a eu la plus grosse épidémie de gastro, un million de personnes ont été atteintes.

P. Geluck (chantant) **:** Et mes draps s'en souviennent !

L. Ruquier : Oui, par le groupe « Il était une crise de foie » !

*

L. Ruquier : Un e-mail : « Salut à toute l'équipe et surtout à la craquante Sophie Garel. »

S. Garel : C'est vrai, je craque de partout...

*

L. Ruquier : J'ai une petite blague, c'est une devinette : qu'est-ce qui va à 200 kilomètres-heure et qui pue le pâté ?... Maïté dans le TGV !

C. Alévêque : Le TGV, c'est pas 200, c'est 260 kilomètres-heure !

L. Ruquier : Non, pas quand il y a Maïté dans le TGV !

*

L. Ruquier : Une histoire qui nous vient de Prague : un homme a tenté de se suicider à la tronçonneuse... C'est horrible de se suicider à la tronçonneuse.

S. Garel : Surtout, faut pas commencer par les mains !

*

L. Ruquier : On devrait voir dans l'émission « Première Compagnie » Sylvain Mirouf, le magicien disparu des écrans. Comme quoi, il avait bien réussi son dernier tour !

*

I. Motrot : Je suis épatée par la réaction de la critique sur le film *Closer* parce que, honnêtement, c'est vrai qu'il y a des trucs un peu crus, mais ce n'est même pas étonnant, quoi, il y a même pas de crudité vraiment renversante !

L. Ruquier : Même pas ? Y a pas un buffet, un ptit truc ?

I. Motrot : Même les crudités ne sont pas à la hauteur !

L. Ruquier : S'il n'y a pas de crudités, c'est un film qui ne fera pas beaucoup d'entrées !

*

M. Dor : Si vous voulez en apprendre sur le bagne, lisez Albert Londres.

J.-L. Lemoine : Pour les plus jeunes, je conseille « Martine en taule ».

J. Bonaldi : Moi, j'ai mon oncle qui était directeur de la prison de la Santé qui a écrit un livre.

L. Ruquier : Et moi, j'ai *le beau geôlier* nouveau qui est arrivé aux éditions Têtu Magasine.

*

L. Ruquier : « Monsieur Geluck, pourriez-vous diversifier vos tenues vestimentaires, c'est Valérie qui nous le dit. Que ce soit chez Drucker ou chez vous, Laurent, je le vois habillé constamment de la même manière ! »

P. Geluck : Aujourd'hui, je porte une superbe veste.

P. Wermus : Ce n'est pas d'une très grande élégance. Vous avez fait les soldes ? Ça se voit !

L. Ruquier : Est-ce que ce ne serait pas plutôt la veste que vous avez retournée chez Drucker devant M. Raffarin, dimanche ?

*

L. Ruquier : Paul qui m'envoie un e-mail : « M. Wermus est l'exemple du journaliste qui serait plus intéressant si on ne l'entendait pas. »

P. Wermus : C'est tout là, ou il y en a encore ?

L. Ruquier : Non, j'ai aussi : « Cher Laurent, quel con, ce Wermus ! »

P. Wermus : Non, ce n'est pas vrai !

L. Ruquier : Lisez-le... je n'invente pas les e-mails, monsieur !

C. Sarraute : « Quel con, ce Wermus », c'est marqué !

P. Wermus : Bon, on l'a dit deux fois, on ne va pas le dire trois fois !

*

P. Geluck : Pierre Bénichou s'était moqué de moi parce que j'avais dit des « 4 fois 4 » au lieu de dire des « 4 × 4 » et un jour dans l'émission de Drucker quand il y était encore, nous recevions Florent Pagny qui ne se déplace en Amérique du Sud qu'en 4 × 4 et Pierre lui dit : « J'ai vu des photos, vous avez un formidable 4 quart ! »

L. Ruquier : Oui, le « 4 quart », c'est pour se balader dans la savane de chez Brossard !

*

P. Geluck : Ce qui est bizarre sur Schwarzenegger, c'est de se dire que ce type était un collègue à nous, qu'il était un peu dans le spectacle.

C. Ockrent : Oui, enfin, côté muscles, c'était autre chose !

P. Geluck : Vous ne m'avez pas vu en maillot, Christine !

L. Ruquier : Si vous l'aviez vu les années *bicepstiles* !

*

L. Ruquier : On nous dit que c'est Jean-Marie Bigard qui est le comique le plus riche, devant Laurent Gera, suivi par Jamel Debbouze et Franck Dubosc.

P. Wermus : Ah oui, celui qui a les yeux bleus ! C'est le vieux play-boy, il n'a plus d'âge, ce garçon ! C'est la préretraite ! On le voit à ses cheveux, c'est un faux jeune !

L. Ruquier : Pardon, Franck, on n'est pas d'accord avec Wermus, mais il nous fait rire.

P. Wermus : C'est pas comme Franck Dubosc ! Il ne me fait pas marrer, moi !

L. Ruquier : Moi, je voudrais dire de Franck Dubosc qui ne travaille plus avec nous depuis déjà quelques mois, qu'il a ce mérite d'être fidèle et de rester sympathique avec les gens avec qui il a travaillé et c'est pas le cas de tout le monde... À propos, Laurent Gera est donc en deuxième position... je peux y aller, je ne suis pas dans la liste, c'est pas que je ne sois pas riche, c'est que je ne suis pas comique...

*

D. Évenou : La culotte fendue, c'est génial, c'est très coquin. Si tu veux faire pipi avec ta culotte fendue, tu n'as pas besoin de descendre ta culotte tu n'as justement qu'à l'écarter !

L. Ruquier : Et pour faire caca, c'est pareil, vous en avez deux sortes, vous avez la culotte fendue savoyarde et fendue bourguignonne.

*

L. Ruquier : Un enfant de chœur en Angleterre a une particularité, il a 89 ans et il est toujours enfant de chœur, c'est quand même chouette ça, depuis ses premiers pas de servant de messe à Gloucester en 1923.

J.-L. Lemoine : Ce n'est pas chouette du tout, il n'a pas réussi à s'en sortir !

D. Évenou : Il a eu plusieurs curés dans sa vie ?

L. Ruquier : C'est la seule église où le curé peut toucher l'enfant de chœur sans être accusé de pédophilie !

*

L. Ruquier : « Il a regardé sa tronche, M. Geluck ? » C'est un e-mail de George. « Une insulte pour les nombreux chasseurs qu'il a traités de tronches d'alcoolique l'autre jour dans votre émission. »

P. Geluck : Ben oui, j'ai regardé ma tronche et je me suis dit que, si en plus je buvais comme eux, elle ne serait pas belle à regarder !

*

L. Ruquier : « Comment avez-vous pu tolérer les propos de Caroline Diament quand elle a ramené à son juste niveau la comparaison entre les victimes du tsunami et l'abattage des moutons... Bon, mais quand elle a ajouté : "Qu'est-ce que ça peut vous foutre que les moutons soient assommés ou pas et qu'ils souffrent avant de mourir !" C'est honteux ! » J'ai reçu des centaines d'e-mails comme celui-ci, par exemple Valérie qui me dit : « On verra si Caroline

Diament ne voit pas l'intérêt d'être endormie la prochaine fois qu'elle ira se refaire les fesses ! »

C. Diament : Je n'ai pas dit que ce n'était pas grave, j'ai dit qu'en comparaison du drame du tsunami...

L. Ruquier : Et sur l'idée qu'il ne faut pas endormir les moutons avant de les tuer ?

P. Geluck : D'habitude, c'est le contraire, on compte les moutons pour s'endormir !

L. Ruquier : Regardez, Michel Berger, il s'est endormi à jamais !

C. Diament : Mon écharpe en lapin vous salue tous.

P. Geluck : Vous êtes sûre que c'est pas une écharpe en lapine ?

L. Ruquier : Ce ne serait pas la première fois qu'elle aurait *la pine* autour du cou !

C. Diament : Si j'en trouvais une qui fait le tour, croyez-moi je la garderais !

L. Ruquier : Ce n'est pas qu'il y ait que des petites bites, c'est que vous avez un gros cou !

*

P. Sled : Le problème dans les supermarchés discount comme Chez Lidl, c'est que le papier cul sent les lasagnes parce que c'est juste à côté.

P. Leconte : Oui, mais enfin le contraire est vrai aussi !

P. Geluck : Ce sont des lasagnes triple épaisseur ?

*

P. Geluck : Moi, à Paris, je suis dans un appart dans lequel le réseau passe très mal et il n'y a qu'aux chiottes que ça passe, donc je suis obligé d'y aller pour téléphoner.

P. Leconte : Mais tu n'as pas toujours envie de téléphoner ?

P. Geluck : Mais j'me force parfois ! [...] Pour en terminer avec ces histoires de WC, je ne vous ai pas raconté ce qui m'est arrivé l'autre jour à la gare du Nord ? Je suis allé prendre le train pour Bruxelles et je passe aux toilettes publiques de la gare du Nord, j'entre dans la cabine et des chiottes d'à côté j'entends un type qui me dit : « Ça va ? » Je lui dis : « Oui, ça va. » Il dit : « Tu viens d'arriver ? » Je dis : « Oui » et il dit : « Qu'est-ce que tu vas faire maintenant ? » J'lui dis : « Mais enfin arrêtez ! » et puis j'entends dire : « Oh écoute, j'te quitte, j'te rappelle tout à l'heure, y a un connard qui m'répond à côté. »

*

L. Ruquier : Chirac ne s'est pas rendu à Davos à cause de la météo. Il a fait son discours depuis Paris et là ça m'épate. Un président de la République qui ne peut pas atterrir à Davos ! Franchement, c'est qu'il n'avait pas envie d'y aller !

P. Cochin : Ils l'ont vu sur un écran, c'est pareil !

L. Ruquier : Alors si vous partez de là, moi aussi, je vais faire l'émission de chez moi en visioconférence !

P. Geluck : En même temps c'est un peu ce qu'on fait aussi, on est rue François-Ier et on parle à la France entière, on ne va pas chez les gens pour leur raconter des blagues, on ne va pas dans toutes les rues de Vannes pour sonner aux portes comme des compagnons de Jéhovah !

*

L. Ruquier : Un e-mail pour vous, Christophe : « Dans le train Clermont-Ferrand-Paris le 18 décembre 2004, Christophe Alévêque était à l'intérieur, je n'ai pas été déçu car il est dans la vie comme sur scène. »

D. Évenou : Désagréable ?

*

L. Ruquier : Je me tourne vers Pierre Sled : avez-vous regardé le Grand Prix d'Amérique, ce week-end ?

P. Sled : Non, pas du tout, mais je l'ai déjà vu !

L. Ruquier : Oui, enfin, ce n'est pas le même chaque année quand même !

P. Sled : J'ai vu que le jockey vainqueur était inquiet parce que son cheval n'était pas allé aux toilettes avant la course et les performances des chevaux peuvent être altérées. Ils se sentent bien que quand ils sont allés aux toilettes.

C. Bravo : Pourtant, quand t'as envie de chier, tu cours vite !

*

L. Ruquier : Où ça en est votre parc d'attractions, Christine ?

C. Bravo : C'est plein.

J.-B. Hebey : C'est comme toi, bourré !

C. Bravo : C'est un « accro-branche », c'est-à-dire on fait un parcours dans les arbres. On a de la place en ce moment, c'est la basse saison au Mexique.

P. Sled : Le problème c'est que ça dure un an !

L. Ruquier : Non, mais sérieusement, combien y a-t-il de gens qui viennent tous les jours ?

C. Bravo : Une quarantaine de personnes.

P. Sled : Les employés !

C. Alévêque : Le problème, c'est qu'ils ont semé les arbres à Noël.

L. Ruquier : Oui, les arbres sont en train de pousser : pour l'instant, y a que les nains qui s'amusent !

C. Bravo : J'y vais dans une semaine pour inspecter.

J.-B. Hebey : Ah, mais c'est pour ça que tu vas au Mexique très régulièrement, c'est toi, l'attraction principale du zoo ? Y a un grand panneau à l'entrée : « Et demain, Christine Bravo ! »

C. Alévêque : Je suis dans les arbres, attrapez-moi !

Février

L. Ruquier : Christian Karembeu a été transféré en Corse au club de Bastia... Depuis, paraît qu'on l'appelle le *Canaque historique.*

*

P. Bénichou : Je voudrais dire à quel point tous ces gens du théâtre qui passent pour des fous sont d'une sorte de politesse charmante. Quand je demande aux acteurs de *Grosse Chaleur* lequel des deux est le meilleur entre Gérard Hernandez et moi, ils me répondent : « Oh ben, c'est pareil... on aime tout le monde. » T'as l'impression de parler à des grands-mères gâteaux ! « On t'aime beaucoup et lui aussi, il est gentil Gérard, il fait différemment. » Mais, enfin, qu'est-ce qui est mieux, la façon dont je le fais, moi, comme un grand acteur ou la façon dont il le fait, lui, comme un petit saltimbanque ?

G. Miller : C'est bizarre, quand Dérec m'a remplacé au théâtre, tout le monde disait que j'étais mieux que Dérec, les gens n'hésitaient pas à le dire.

P. Bénichou : Non !... Tu l'as mis sur ta carte de visite ? « Gérard Miller, mieux que Dérec ! »

*

P. Bénichou : Gérard, y a qu'une chose que je voudrais te dire : dès que tu me vois, va te changer !

*

L. Ruquier : « Mauvaise nouvelle, nous dit Danièle, une auditrice, Ronchon Ier est de retour et qui va à la chasse perd sa place. Car pendant votre départ, Pierre Bénichou, vous l'ignorez peut-être, Paul Wermus est monté en puissance dans l'émission et côté mauvaise foi, il sera difficile à battre. »

P. Bénichou : J'aimerais n'avoir que des frayeurs comme ça dans ma vie !

*

L. Ruquier : Les pieds des Français grandissent.

M. Dor : Oui, c'est à cause du port des baskets, le pied s'étale dans les chaussures.

L. Ruquier : Exactement, c'est ce que nous dit Marc Folachier.

P. Geluck : Comment va-t-elle ?

L. Ruquier : Non, ce n'est pas bien de se moquer du patronyme de ce monsieur.

P. Bénichou : On ne rigole pas avec les noms, avec les affaires et avec les mères !

P. Geluck : Et c'est vrai que tout le monde a le droit de s'appeler Marc !

L. Ruquier : Ce n'est pas sa faute à ce monsieur qui est responsable du Centre Technique de la Chaussure de Lyon.

P. Geluck : Il paraît que M. Folachier a des pompes de merde !

L. Ruquier : En tout cas, M. Folachier est tout à fait d'accord avec Maureen : il est vrai que les chaussures de sport ont donné le goût du confort à tout le monde, du coup, le pied s'est épanoui, le pied prend ses aises et grandit.

P. Geluck : On devrait essayer avec des slips larges aussi !

L. Ruquier : Vous chaussez du combien, Marie ?

Marie Laforêt : Du 36.

L. Ruquier : C'est mignon, les petits pieds.

Marie Laforêt : Ah ! j'ai horreur de ça, je rêverais d'avoir un grand pied.

P. Leconte : Attends, tu rêverais d'avoir un grand pied... et pas l'autre ?

P. Bénichou : On a plus la même pointure avec l'âge. Je faisais du 42 et maintenant je fais du 43 et demi et ce n'est pas à cause des chaussures de sport puisque je n'en ai jamais porté.

M. Dor : Non, mais c'est plutôt que tu t'affaisses !

P. Bénichou : Mais elle est *folle à chier* !

L. Ruquier : Si M. Folachier estime que le pied s'affaisse !

*

P. Bénichou : Non, je ne reprendrai pas mon rôle en tournée. (S'adressant à Gérard Hernandez) Je ne reprends pas les rôles... moi !

G. Hernandez : Heureusement, parce que tu les laisses dans un tel état !

*

L. Ruquier : Vous êtes sensible aux belles jambes, Pierre ?

P. Bénichou : Moi, j'adore les jambes.

L. Ruquier : Claude Sarraute, vous avez de belles jambes, vous.

C. Sarraute : J'avais, j'avais...

P. Bénichou : Tu as toujours ! Pas plus tard que ce matin tu avais de belles jambes !

*

L. Ruquier : Péri, je ne suis pas comme vous, moi, je suis croyant, je suis catholique, j'ai été communié, j'ai été baptisé, j'étais un garçon en aube moi, madame !

Steevy : Moi aussi !

L. Ruquier : Voilà deux bons exemples : regardez ce que ça donne, les garçons en aube !

*

L. Ruquier : Steevy, vous faites le ménage vous-même au Mans, ou c'est votre mère ?

Steevy : On a chacun nos tâches, ma mère c'est tout ce qui est lessive, repassage, moi, j'm'occupe des vitraux, de la poussière...

P. Bénichou : Des vitraux... des vitres, tu veux dire ?

Steevy : Non, j'ai des vitraux chez moi, je n'ai pas de vitres. C'est signé et c'est daté, c'est tout ce que je peux vous dire.

L. Ruquier : On ne lui a pas dit, on lui a refilé une crèche dans la cathédrale du Mans, Steevy, en fait, au Mans, il fait le p'tit Jésus !

*

L. Ruquier : Un Allemand vient de lancer le premier téléphone tombal, il s'est aperçu que beaucoup de gens au cimetière parlaient avec les personnes défuntes devant la tombe d'un proche ! Je ne sais pas si ça vous est arrivé ?

C. Sarraute : Bien sûr, bien sûr... Mireille, tu sais, Mireille, elle va tous les jours sur la tombe de son mari.

L. Ruquier : Mireille, quelle Mireille ?

C. Sarraute : Eh ben, la Mireille qui apprend à chanter aux jeunes gens.

L. Ruquier : Elle est morte aussi, Claude.

C. Sarraute : Oh, pardon !

*

C. Bravo : Paco m'a demandé en mariage et j'ai dit oui.

P. Bénichou : Et tu as pu réunir la somme ou pas ?

L. Ruquier : Oh putain, encore une cérémonie !

C. Bravo : Et tu seras témoin, j'te signale !

L. Ruquier : Oh non, pas encore !

C. Ockrent : Mais parce qu'il était déjà témoin la fois précédente ?

L. Ruquier : Ah non, j'ai été témoin de beaucoup de choses chez Christine mais pas encore de mariage !

P. Geluck : Christine Bravo, est-ce que vous allez pouvoir réutiliser la robe de votre premier mariage ?

L. Ruquier : Oui, comme chapeau !

*

C. Bravo : Mais tu sais, quand j'étais jeune et que j'allais à la fac, j'avais pas de blé pour m'acheter mon sandwich, alors j'allais filer mon sang tous les midis pour en avoir un gratos.

L. Ruquier : Aujourd'hui, elle le donne encore mais on conseille aux gens de ne pas conduire après !

*

L. Ruquier : Marlène dans *Première Compagnie*, c'est ma préférée, je regrette de ne pas l'avoir engagée parmi nous, enfin quand je dis *parmi nous*, c'est *par minou* qu'elle serait rentrée de toute façon. Je l'adore !

C. Bravo : Tu as vu ses nichons refaits ? Elle a des nichons mal refaits !

J. Benguigui : Bigard a une association là-dessus, elle devrait l'appeler !

L. Ruquier : Oui et on fera un Télététon en leur faveur !

*

L. Ruquier : Jean-Pierre Raffarin a encore fait une référence à Lorie, en citant la « positive attitude ».

P. Bénichou : C'est ridicule, un Premier ministre qui dit « positive attitude ». Et lui, il a eu une positive attitude avec ce pauvre Jacques Villeret ? Il l'invite dans son Dimanche chez Drucker, il meurt deux jours plus tard !

*

P. Geluck : Ah, j'ai un proverbe : si les lentilles te font péter, porte des lunettes !

*

P. Bénichou : Je peux vous donner une info bouleversante ? L'homme que vous admirez tous est né un mardi gras. Je suis né un 1er mars et le 1er mars de l'année où je suis né était un mardi gras.

P. Geluck : Et vous avez jeté le mardi pour garder le gras ?

*

L. Ruquier : Bon, on va passer à autre chose... le procès Michael Jackson, y en a marre !

P. Bénichou : Ah non, moi j'aime bien ce procès... parce qu'on peut rencontrer de la jeunesse, c'est sympa !

*

C. Bravo : J'ai trois reins, moi !

L. Ruquier : Et pas une raison de boire de l'eau ?

J. Benguigui : Ça s'explique !

C. Bravo : Et mon ami Nikos Aliagas a deux estomacs.

P. Bénichou : Il aurait mieux fait d'avoir un cerveau !

*

D. Évenou : Est-ce qu'à la radio je peux dire que mon voisin, monsieur Hebey, a sa braguette ouverte ?

J.-B. Hebey : Pardon, je me croyais à la télé !

L. Ruquier : C'est Jacques Martin qui disait : « On ouvre toujours les fenêtres quand il y a un mort dans la maison. »

*

L. Ruquier : Ellen MacArthur a battu le record autour du monde en solitaire et sans escale.

J. Bonaldi : En plus, elle est sympa avec son sponsor à qui elle renvoie bien l'ascenseur. C'est une grande marque anglaise de bricolage, Castorama.

L. Ruquier : Il paraît qu'elle n'a pas voulu prendre Ikea parce qu'elle avait peur que la mer soit démontée !

*

L. Ruquier : À cause des affaires judiciaires de Sarah Marshall, au dernier moment, à sa place, ils ont pris Marlène dans *Première Compagnie.* Elle avait été *pressentie...* si j'ose dire... ! ! ! En tout cas, elle avait été écartée...

C. Diament : C'est comme ça qu'elle a réussi !

*

L. Ruquier : Le carême, c'est maintenant. Il a débuté hier par le fameux mercredi des cendres. Mais on ne jeûne pas, nous, les catholiques ? Quand on fait carême, on jeûne ?

I. Alonso : Ah ! oui, on ne mange pas de gras.

L. Ruquier : D'accord, si c'est la religion qui m'y oblige, je vais me taper un *jeune* !

*

L. Ruquier : Le maire de West Hollywood souhaite rendre illégale la chirurgie esthétique des queues et des oreilles des animaux de compagnie car c'est devenu une vraie mode là-bas. Y a des folles... et des fous qui...

I. Alonso : Qui font teindre leur caniche !... Les gens qui ont des caniches, c'est soit des femmes, soit des homos.

P. Geluck : Les gens qui se font teindre la chatte, ce sont souvent des femmes...

C. Diament : Ce sont les vacances scolaires... des enfants nous écoutent !

P. Geluck : Je n'ai rien dit d'inconvenant, on peut se faire épiler le pitbull aussi...

L. Ruquier : Le molosse !... non mais c'est chaud, cette émission, Philippe !

P. Geluck : Mais c'est Jean-Luc Lemoine qui nous raconte qu'il n'arrête pas de se masturber !

L. Ruquier : Pendant les matchs du PSG, faut bien qu'il s'occupe !

I. Alonso : PSG, Paluche Sans Gêne !

P. Geluck : Depuis que je sais ça, je ne vais plus lui serrer la main le matin quand je le vois !

J.-L. Lemoine : L'autre jour, dans la rue, on m'a traité de « petite bite » après ce que vous avez dit dans l'émission.

P. Geluck : Et c'est pour ça que tu fais de l'exercice tous les jours ?

*

L. Ruquier : Alexandre, un auditeur, me dit : « Je suis ravi de vous écouter. J'enregistre les émissions quand Gérard Miller est présent... » Vous vous rendez compte, un peu ? « ... ce qui me permet de mettre avance rapide quand il parle. »

*

L. Ruquier : Un e-mail d'un auditeur : « Arrêtez de vous moquer de M. Bénichou, le plus brillant de tous et bien plus modeste qu'il n'y paraît. »

P. Bénichou : Bien sûr, parce que, si j'étais conscient de ma vraie valeur, je serais encore moins modeste !

*

L. Ruquier : « Le prince Charles et Camilla vont se marier, mais elle ne va pas rigoler tous les jours, nous dit *France-Soir*, entre la belle-mère et les rejetons de son homme, Camilla va vivre des moments difficiles... Il y a le fils qui fume de la drogue, qui porte des déguisements nazis de mauvais goût... »

P. Bénichou : Vous connaissez des déguisements nazis « de bon goût » ?

I. Motrot : Mais tout ça, elle s'en fout, Camilla, ce ne sont pas ses enfants, elle ne sera pas en charge d'eux, quand même !

L. Ruquier : Ah si, elle devra s'occuper des enfants de son mari, c'est leur nouvelle belle-mère !

P. Bénichou : Oui, mais quand même les enfants sont grands : ils sont déjà nazis et camés ; le plus gros de l'éducation est fait !

*

L. Ruquier : Steevy nous a annoncé qu'il allait écrire un livre sur l'influence de l'Europe, sur les rapports entre les États-Unis et l'OCDE.

P. Bénichou : Alors on lui a demandé : « Mais quel est votre secret ? – Le secret c'est que je voyais Isabelle Alonso qui écrivait dans le train quand on était en tournée, elle disait qu'elle avait son livre dans sa tête ; alors, moi, pareil : il suffit maintenant que mes doigts tapent ce que j'ai dans ma tête. Alors moi, comme j'avais des tas d'idées, surtout sur l'OCDE, et avec la crise du pétrole et les monnaies, je fais une dizaine de pages par semaine... » On rigole, mais va savoir si on n'est pas en train de se moquer de Goethe !

L. Ruquier : C'est vrai qu'il faut parfois se garder de se moquer trop vite ! Exemple, vous, Gérard Miller, allez devoir très vite faire des excuses à Elsa

Fayer car on s'est tous moqués d'elle hier dans l'émission quand elle a utilisé le verbe « césariser » à propos d'une femme qui subissait une césarienne... Et c'est pourtant dans le dictionnaire ! On est donc parfois victime de son image et, les intellectuels que vous êtes, vous vous moquez trop rapidement de gens qui ont parfois raison.

P. Bénichou : Mais ça arrive très souvent parce que, nous, on lit plein de bouquins, Joyce, Proust, Céline, Goethe... tandis qu'eux ils ne lisent que le dictionnaire ! Alors forcément, ils connaissent des mots qu'on connaît pas !

*

L. Ruquier : Elle était vraiment belle, Marilyn Monroe ?

C. Sarraute : Elle était surtout sexy.

Steevy : Elle avait une belle poitrine aussi !

P. Cochin : Parce que tu t'intéresses aux seins des femmes ?

Steevy : Ben oui, j'aime bien, ça m'arrive d'en toucher !

L. Ruquier : Dans l'ordre ou dans le désordre ?

*

P. Bénichou : Toi, Claude, c'est pas demain la veille que je vais t'emmener à Venise !

C. Sarraute : Je ne t'ai pas attendu mon grand p'tit chéri pour aller à Venise. J'ai conçu deux enfants à Venise !

P. Bénichou : Non !

C. Sarraute : Sur ma tête !

L. Ruquier : Sur ta tête ?

*

L. Ruquier : Comment il s'appelle votre chien, Danièle ?

D. Évenou : Rodéo.

L. Ruquier : Et vous lui parlez ?

D. Évenou : Souvent, je lui dis : Rodéo, mon amour... je t'aime.

J. Benguigui : C'est *Rodéo et Juliette* !

*

L. Ruquier : Jean Benguigui, vous avez pensé à la Saint-Valentin, hier ?

J. Benguigui : Oui, j'y ai pensé.

L. Ruquier : Sylvie a eu droit à quoi ?

J. Benguigui : Déjà, j'étais là... ! ! !

*

L. Ruquier : Bernard m'envoie un e-mail : « Je suis interne en médecine et l'autre jour on m'a dit à propos de Caroline Diament : elle a une bouche à ne pas se retrouver enceinte ! »

*

L. Ruquier : Ce qui fait beaucoup parler, c'est le fameux appartement des Gaymard, le ministre des

Finances qui se voit donc reprocher par le *Canard enchaîné* cet appartement de 600 m² dans lequel il est logé, lui, sa femme et leurs 8 enfants. Mais Clara Gaymard aurait confié que l'appartement de fonction était trop petit.

P. Bénichou : Je ne vois pas pourquoi elle cherche à faire des économies, quand même, c'est pas pour acheter sa pilule !

L. Ruquier : Remarquez, quand son mari se retire, c'est que dans ses appartements !

C. Diament : Moi, ça me choque, d'abord 8 enfants et il est tout jeune, il peut les mettre dans la même pièce !

C. Alévêque : Sa femme n'a pas la même bouche que toi, c'est tout !

*

G. Miller : Nous avons le côté graveleux de Pierre qui est en train de peloter Caroline qui se défend.

C. Diament : Il soulève ma jupe !

P. Bénichou : Mais je soulève sa jupe parce que je suis chargé d'une enquête ! Y a trop de secrets dans cette émission... moi, je suis pour la transparence !

*

L. Ruquier : Une triste histoire : une fillette retrouvée sous la neige. Heureusement, elle a été retrouvée saine et sauve après avoir passé une heure sous la neige, ensevelie par un chasse-neige. Ces jours derniers, la neige avait envahi le village, les employés communaux ont commencé à utiliser le chasse-neige, les cantonniers s'activaient au volant de leur chasse-neige et hier la petite fille s'était cachée près du lac... Et le cantonnier n'avait pas vu la fillette !

P. Bénichou : Évidemment, au septième apéro, il peut pas voir ! Tu vois plus les gosses ! Drame de l'alcoolisme !

L. Ruquier : Contrairement à ce que vous dites, le cantonnier était d'une sobriété exemplaire ; la preuve, c'est écrit : « Intrigué, il est retourné au tas de neige, montant sur le tas de neige, il a finalement entendu des cris faibles mais bien réels et il a pu ainsi dégager la fillette, sonnée mais bien vivante. »

P. Bénichou : Je présente mes excuses à ce cantonnier... c'était pour faire rire une bande d'abrutis et, cela dit, la personne qui a rédigé la dépêche : « entendant des cris faibles de l'enfant ». C'est ridicule ! Il s'est dit : bon, les cris ne sont pas forts mais c'est quand même un enfant... ! ! ! ? ? ? Et il attend que les cris soient forts ! Imaginez, j'suis avec Raymond, on boit un coup, on est cantonnier tous les deux, j'me dis : « Tiens, y a peut-être un enfant, j'approche mon oreille du tas de neige et il dit : "Qu'est-ce que t'entends ? — Oh rien, des cris faibles, il doit y avoir un gosse là-dedans parce qu'elle crie faiblement". » Qu'est-ce qu'il me dit, Raymond ? « À la tienne ! »

L. Ruquier : Mais Gérard, faites-le taire !

G. Miller : Mais je ne peux rien faire.

P. Bénichou : C'est ou être très bon à la radio ou être obligé de faire psy... alors je préfère gagner mon fric ici, moi !

*

L. Ruquier : Jean-Luc Lahaye est en garde à vue, accusé de viol par une mineure de 14 ans et demi au moment des faits. Il reconnaît quand même une relation consentie, ce qui, de toute façon, lui vaudra normalement une peine... Reconnaître une relation même consentie avec une fille de moins de 15 ans est condamnable.

C. Diament : C'est 15 ans et 3 mois, l'âge légal ?

I. Alonso : 15 ans OU 3 mois !

*

L. Ruquier : Les hommes conduisent mieux... Des enquêteurs ont suivi des hommes et des femmes en voiture. L'observation révèle que ces dames positionnent la voiture deux fois plus loin du trottoir que les hommes, c'est-à-dire que les femmes garent leur voiture en créneau à 13 centimètres du trottoir alors que les hommes sont à 6 centimètres.

P. Bénichou : Mais bien sûr ! Il est normal que les femmes, après plusieurs siècles d'asservissement, veuillent s'éloigner du trottoir maintenant !

*

L. Ruquier : Mon cher Wermus, dans le *VSD* d'aujourd'hui, vous annoncez que Pascal Sevran pourrait remplacer l'année prochaine Gérard Louvin à la direction de la Star Ac. D'où tenez-vous cette info, est-ce qu'on peut s'y fier ?

P. Wermus : En tout cas, c'est quelque chose qu'il souhaite !

L. Ruquier : Vous voulez dire « c'est ce que Pascal Sevran souhaite » ou « ce que TF1 souhaite » ?

P. Wermus : Ah ! là, je ne peux pas vous répondre, je pense que ça serait un très bon successeur à Gérard Louvin et le job plaît à Sevran, maintenant le problème, c'est que Sevran est dans le service public...

L. Ruquier : Donc, quand vous dites « pourrait », ce n'est pas une rumeur fondée ?

P. Wermus : C'est du conditionnel... mais c'est de la véritable info, ne me cherchez pas des poux dans la tête, j'ai un véritable réseau... vraiment ! Imaginons un instant que le contrat de Sevran ne soit pas reconduit à France Télévisions, bon, eh bien, TF1 sauterait sur l'occasion pour lui demander d'être à la Star Ac.

L. Ruquier : Oh, j'ai bien compris, c'est une info faite pour aider un ami à renégocier son contrat sur France 2 !

P. Wermus : Pas du tout... vous êtes extrêmement pervers... mais ce que vous dites n'est pas totalement erroné peut-être.

P. Geluck : En même temps, c'est vrai que ce serait pas mal pour la Star Ac d'avoir Sevran et des concurrents de 70, 80 ans !

L. Ruquier : Oui, ça ferait : « Vous voulez euthanasier Georges, tapez 1, vous voulez euthanasier Raymonde, tapez 2. » Mais je m'interroge, Wermus, comment vous trouvez vos infos ?

P. Wermus : Ayez confiance, vous me faites confiance un instant ? Tout ce que je dis est exact !

P. Vandel : Oui, on ne peut pas demander à un échotier d'expliciter...

P. Wermus : Attendez, enlevez ce mot immédiatement.

L. Ruquier : Pourquoi vous n'aimez pas « échotier » ?

P. Geluck : Parce que ça veut dire écho et quand il y a de l'écho, c'est que ça sonne creux !

L. Ruquier : C'est un mot désuet.

P. Wermus : C'est un mot qui ne correspond pas à ce que je fais...

L. Ruquier : C'est un mot qui ne correspond pas à ce que je fais.

P. Wermus : Vous êtes en train de m'imiter, là ?

L. Ruquier : Non, je fais l'écho !

*

L. Ruquier : Une étude nous dit que, lorsque les homards sont ébouillantés, ils ne ressentent probablement rien.

P. Geluck : C'est une info de Wermus, ça ?

P. Vandel : Il y a un argument qui est donné, c'est : pas de cerveau, pas de douleur... t'imagines Ève Angeli comme elle est tranquille !

P. Geluck : Elle peut entrer dans une baignoire brûlante, elle ne sent rien ?

*

L. Ruquier : J'aime plonger dans *Courrier international* parce qu'il y a toujours des infos étonnantes venues du monde entier. Par exemple, sachez que, dans ce zoo, on s'émeut, les groupes homosexuels du monde entier insultent la directrice du zoo. Pourquoi ? Ah ben tiens, essayez de deviner !

P. Wermus : Parce qu'elle a séparé dans une cage 2 orangs-outans du même sexe qui s'aimaient ?

L. Ruquier : On n'est pas loin, essayez de trouver les animaux en question !

Marie Laforêt : Des phoques ?

L. Ruquier : Non, pas des phoques, des pingouins !

P. Geluck : Il y a des *pingouines* et c'est ça qui choque les gays ?

L. Ruquier : La directrice du zoo avait pour l'instant 6 pingouins mâles homosexuels dans son zoo et elle a décidé d'importer 4 femelles pour tester leur influence sur ces pingouins homosexuels.

P. Geluck : Est-ce que le pingouin souffre quand il se fait sodomiser par un pingouin gay ?

P. Vandel : Mais ils se font même pas sodomiser ! Ce sont des oiseaux, ils se frottent le cloaque, il n'y a même pas de sodomie !

L. Ruquier : Même pas ? Alors, à quoi ça sert d'être pédé !

*

L. Ruquier : Alexander Popov, 33 ans, met un terme définitif à sa carrière, vous savez qui il est ?

P. Geluck : Clown du cirque de Moscou ?

L. Ruquier : Mais non, c'est un nageur !

P. Geluck : Oui, je riais toujours en le voyant nager !

L. Ruquier : C'est vrai qu'il était très *crowl* !

P. Geluck : Et sa femme vous savez comment elle s'appelle ? Poupouf !

L. Ruquier : Poupouf et Popov sont dans un bateau, qui est sauvé ?

P. Geluck : Popov, puisqu'il est bon nageur !

L. Ruquier : Vous êtes du genre à jouer au poker vous, Wermus ?

P. Wermus : Alors là, vous vous trompez, ma mère était une grande joueuse de poker, et elle s'est ruinée au poker.

L. Ruquier : Et elle n'a jamais réussi à vous perdre ?

P. Geluck : On peut dire que vous avez été conçu après un strip-poker qu'elle a perdu !

P. Leconte : Non, elle avait une double paire, je crois !

P. Wermus : J'ai vécu dans l'enfer du jeu, ma mère a écumé tous les casinos de France, elle se faisait interdire, alors je déteste le jeu, et particulièrement le poker.

L. Ruquier : Et pourtant, vous continuez à manger à la carte et vous êtes habillé comme l'as de pique !

*

J.-L. Lemoine : Laurent, vous ne vous êtes pas prononcé sur le sujet de la masturbation... C'est parce que vous êtes en couple ?

L. Ruquier : Oui et je ne peux pas penser à vous tout le temps ! ! ! Non mais, franchement, quand on a plaisir à être avec quelqu'un, pensez donc qu'on va pas aller se faire plaisir tout seul.

P. Bénichou : Ou alors de la main gauche pour croire que c'est un autre !

*

L. Ruquier : Parlons du livre du jour, même Juliette a lu le livre, bravo, vous avez respecté les règles de cette émission.

P. Bénichou : Bien sûr.

L. Ruquier : Vous ne l'avez pas lu, vous, Pierre, alors pourquoi vous dites bien sûr ?

P. Bénichou : Moi, moi ? Alors c'est marrant quand même, on ne prête qu'aux tricheurs... je l'ai lu, mais, pas personnellement.

*

C. Bravo : Je vais me marier avec Paco au mois de juin.

J.-B. Hebey : Il fait quoi, Paco ?

C. Bravo : Il est directeur d'un musée d'art mexicain à Cancún.

L. Ruquier : Spécialisé en antiquités ?

C. Bravo : Il y a un impératif pour mon mariage, tout le monde doit venir en blanc, bleu ciel avec un détail jaune.

L. Ruquier : Pourquoi ça ?

Steevy : Ce sont les couleurs du drapeau argentin.

C. Bravo : Oui, c'est ça, bleu blanc bleu avec un petit soleil.

L. Ruquier : Moi, je viendrai en slip blanc avec une tache jaune devant.

C. Bravo : T'as une bite de Schtroumpf ? Il manque le bleu !

*

L. Ruquier : Une triste nouvelle, une histoire atroce résumée dans *Le Parisien.* Un gardien d'un zoo autrichien est mort hier tué par un éléphant qui l'a transpercé avec une défense alors qu'il lui administrait sa douche. Pourquoi il l'a transpercé ? Eh bien, le pachyderme était en phase de séparation d'avec sa mère ce qui pourrait expliquer son agressivité, en tout cas c'est ce que dit son avocat : « Messieurs, mon éléphant a vécu une enfance malheureuse ! »

J.-B. Hebey : L'éléphant dont j'assure la défense.

L. Ruquier : Très joli, Jean-Bernard !

C. Bravo : Tu l'avais laissé passer, celui-là !

L. Ruquier : Je voudrais vous ivoire...

*

L. Ruquier : Jean Tiberi bénéficie d'un non-lieu dans l'affaire des HLM de Paris. Il est fou de joie.

É. Lévy : Ben oui, il a été quand même la victime d'une curée médiatique, tout ça parce qu'il est un peu plouc, un peu notable de province.

L. Ruquier : Eh bien, puisqu'il a un non-lieu, je trouve qu'il mériterait de redevenir maire... d'un non-lieu !

*

J. Bonaldi : À Paris c'est extrêmement rare que la neige tienne.

P. Wermus : Est-ce que vous avez vu le bois de Boulogne y a vingt ans ? On faisait du patin à glace sur le lac !

L. Ruquier : Au bois de Boulogne, il faut se méfier des bonhommes de neige, ça peut être des bonnes femmes... Ça dépend où est placée la carotte !

*

L. Ruquier : L'affaire Gaymard, c'est vrai que ça commence à tourner un peu au lynchage.

P. Vandel : Je ne suis pas tout à fait d'accord avec vous, quel est le rôle de la presse ? Le rôle de la presse c'est de donner les infos, les infos arrivent au compte-gouttes et la presse les retranscrit.

L. Ruquier : Les infos sur Gaymard arrivent comme ses enfants, au compte-gouttes !

*

L. Ruquier : Paris est paralysé par la neige particulièrement à Roissy. Hier, les avions ne décollaient pas. Il y a trois flocons qui tombent et d'un seul coup tout est paralysé !

P. Geluck : Je ne sais pas si vous avez vu les films vus d'hélicoptère, vous voyez sur les autoroutes sur Paris que, d'abord, il y a les camions qui mettent du sel, puis il y en a d'autres qui passent avec un peu de poivre et c'est après seulement que tous les cornichons arrivent pour être dans les embouteillages !

*

L. Ruquier : Je me tourne vers Patrice Leconte, vous qui êtes réalisateur, est-ce que ça s'emploie toujours ces mots-là : action, moteur, ça tourne, on le dit toujours au cinéma ?

P. Leconte : Ah ben, oui !

P. Vandel : Sauf toi, tu m'as dit un jour.

P. Leconte : Oui c'est vrai qu'il y a beaucoup de réalisateurs français qui font « action » avec un accent anglais... moi je préfère dire « Allez-y ». Je trouve ça plus doux.

C. Alévêque : Et là, tout le monde se casse !

*

L. Ruquier : On a appris la disparition de Hunter S. Thomson, l'écrivain américain, inventeur du gonzo journalisme, c'était un type un peu spécial ; il est passé par tous les états ; alcool, drogue, sexe. Il ne reculait devant rien, il s'est suicidé d'une balle dans la tête dimanche dernier et on vient de lire son testament...

P. Geluck : Ne me dites pas qu'il lègue un appartement à Hervé Gaymard !

*

P. Alfonsi : Il y a un mot formidable de Belmondo lors de la sortie du film *Une chance pour deux* avec Delon et Belmondo, film qui avait fait un bide à sa sortie. Belmondo a dit : « Vous vous rendez compte, Delon ne fait plus une entrée ! »

*

P. Bénichou : Je crois que, dans le livre d'Isabelle Alonso, c'est un personnage de roman stéréotypé, c'est-à-dire que tous les curés ne sont pas tartufes et donc elle prend un personnage de séducteur et elle lui met sept femmes dans les bras, je trouve ça une très bonne idée.

P. Geluck : Ce qui est formidable, c'est qu'il parle du livre et il ne l'a pas lu !

P. Bénichou : Oui, et je peux en parler vraiment parce que ceux qui lisent les livres sont influencés !

*

L. Ruquier : Un e-mail drôle d'un auditeur, Joseph : « Juste deux mots à propos de la polémique provoquée par le logement d'Hervé Gaymard. Entre nous, avait-il vraiment besoin d'un logement aussi grand alors qu'il a des enfants avec des prénoms à coucher dehors ? »

*

P. Bénichou : Moi, à la place de Gaymard, je dis : « Oui... j'ai un appartement trop grand... je n'aurais pas dû le faire payer par le gouvernement. En effet, j'y ai dormi 5 jours... » Il y a dormi très peu, il y a été 5 ou 6 fois.

P. Sled : Non, mais s'il n'y était pas...

P. Bénichou : Tu permets un peu que je parle ! Hein ! Quand on parlera du 100 mètres nage libre, tu viendras me chercher, là, tu la fermes mon p'tit gars !

*

L. Ruquier : « Je viens de me connecter sur la Webcam d'Europe 1, me dit Éric, et avant de reconnaître Christine Bravo dans son pull orange, j'ai cru que vous aviez invité Casimir de "L'Île aux enfants" ! »

P. Bénichou : Faut-il que les deux femmes ici pré sentes soient aussi jolies pour qu'elles puissent supporter sans bouger d'un cil toutes ces plaisanteries méchantes et stupides... vous êtes les plus belles, mesdames... en l'absence des autres !

*

L. Ruquier : Si je vous dis Elizabeth Taylor, Steevie Wonder, Quincy Jones, Diana Ross, Chris Tucker, Eddie Murphy, Larry King... ce sont les stars mobilisées par Michael Jackson et qui seront à son procès dans les semaines à venir.

G. Hernandez : Il y aura les choristes également ?

*

L. Ruquier : Christine nous dit qu'il n'y a pas que les journalistes politiques qui couchent avec tout le monde, les journalistes sportifs aussi.

P. Sled : C'est pas vrai !

C. Bravo : Il faut dire ce qui est ! Vous êtes toujours en voyage, par exemple sur le Tour de France, t'as toute la caravane publicitaire.

P. Sled : Et à Paris, t'as la caravane des cocus !

C. Bravo : Oui, que des cocus ! ! Dans la caravane, à un moment, il y avait des gros camions, c'était

Bolino, et alors c'était des nanas, des hôtesses qui conduisaient et t'avais les 1 000 mecs journalistes sportifs derrière qui criaient : « Heureusement, y a Bolino, Bolino, Bolino ! »... C'est un milieu monstrueux, je les ai vus... à part les journalistes d'Europe 1, tous les autres, ils trompent leur femme !

*

C. Bravo : Comment va le pape ?

L. Ruquier : Eh bien, il va, il va... il a fait une apparition ce week-end. Il apparaît à la fenêtre régulièrement. Il n'est plus polonais, il est coucou suisse maintenant.

Mars

L. Ruquier : On ne sait pas encore à quelle date on va voter pour la Constitution européenne ?

C. Ockrent : Non, le Président consulte !

P. Bénichou : Il est plutôt pour le 22 mai, d'autres disent le 5 juin, moi, je ne sais pas ce que je vais choisir...

L. Ruquier : M. Raffarin ne veut pas de la Pentecôte, en tout cas.

C. Ockrent : Et puis le 29 mai, il y a la fête des mères, ça, c'est pas bien non plus !

L. Ruquier : On ne sait pas pourquoi d'ailleurs ?

J. Benguigui : Il semblerait que les gens vont voir leur maman qui ne sont pas près de leurs bureaux de vote et qu'il y aurait moins de participation.

L. Ruquier : Ben ça dépend, si la maman a été incinérée, ils vont à l'urne !

*

L. Ruquier : Il faut être fier de payer des impôts, Steevy !

Steevy : J'ai pas dit le contraire, je les ai toujours payés, mes impôts, je ne reviens pas là-dessus, j'ai toujours été fier. Faut bien avoir des hôpitaux, des écoles...

P. Bénichou : Si t'as pas de gosses et que t'es pas malade, tu t'en fous !

Steevy : En même temps, si aujourd'hui on sait beaucoup de choses c'est aussi grâce à l'école, donc ça m'a servi aussi.

L. Ruquier : Ben voyez, on n'en a pas payé assez !

*

L. Ruquier : Steve Fosset a donc réalisé le tour du monde en moins de 80 heures dans un trimaran des airs. Moi, je serais milliardaire, je risquerais pas ma vie comme ça, c'est idiot !

P. Bénichou : Moi, je serais un milliardaire, je sortirais pas de chez moi !

L. Ruquier : Comme disait Geluck, quand on est milliardaire, faut jamais sortir de chez soi, on peut être attaqué par un millionnaire !

*

L. Ruquier : Guy Roux n'avait pas les moyens d'enlever la neige sur le terrain lors du match reporté contre Toulouse.

J. Benguigui : Menteur !

L. Ruquier : Comment ça, menteur ?

J. Benguigui : Parce qu'il venait de jouer un match de coupe d'Europe deux jours avant, ça lui faisait du bien d'avoir un jour de repos avant le match de ce soir.

L. Ruquier : S'il a pas de soufflerie, il a pas de soufflerie !

J. Benguigui : Il n'a qu'à souffler lui-même !

Steevy : Il n'a qu'à utiliser un sèche-cheveux !

L. Ruquier : Oui, j'vois bien toutes les joueuses d'Auxerre avec leurs sèche-cheveux !

P. Bénichou : Le stade est séché par Alexandre Zouari !

*

P. Wermus (s'adressant à Laurent Ruquier et Caroline Diament) **:** Vous êtes allés voir ce spectacle, juste tous les deux ? Et vous avez le droit de sortir comme ça le soir sans vos compagnons ? Ça pose pas de problème ?

L. Ruquier : D'abord, le mien est au théâtre...

C. Diament : Et le mien est au ski, alors...

L. Ruquier : Oui, tous les deux sont sur les planches !

*

L. Ruquier : Les orchidées tiennent congrès, c'est Dijon qui accueille du 10 au 20 mars le 18e congrès mondial des orchidées. Cent cinquante mille spécimens de mille espèces seront présentés à l'occasion de cette manifestation qui se déroule pour la première fois en France. C'est la première fois que la France accueille le congrès mondial des orchidées !

C. Diament : Bon ben, comme ça si on n'a pas les JO...

L. Ruquier : Vous avez chez vous des orchidées ?

I. Alonso : Non, pas en ce moment, mais c'est très bien les orchidées parce que vous offrez une orchidée ça tient bien six mois.

C. Diament : C'est vrai, même moi, j'ai pas pu la tuer plus vite.

L. Ruquier : Ah, vous n'avez pas la main verte ?

C. Diament : Oh, là, là... j'ai fait mourir un bonzaï en une semaine.

L. Ruquier : C'est pour ça qu'on vous confie pas Vandel !

*

L. Ruquier : Patrick, qui nous envoie une blague en rapport à l'affaire Gaymard. Nouvelle unité de mesure française : un are = 100 m^2 ; un hectare = 10 000 m^2 ; un Gaymard = 600 m^2.

*

P. Geluck : C'est hallucinant, les chiffres de la violence conjugale : 1,5 million de femmes battues, 1 femme sur 10 serait battue par son compagnon. On se demande comment il faut parler à ces types, à ces salopards ? Comment il faut traiter ces malades ?

L. Ruquier : Moralité : épouser un joueur du PSG, ils battent jamais personne !

*

J.-B. Hebey : Il paraît que le piercing sur la langue, c'est bien lorsqu'on fait une irrumation.

L. Ruquier : Une quoi ? Une irrumation ?... Une pipe, c'est une irrumation ?

J.-B. Hebey : Exactement.

P. Geluck : Et il y a la pompe funèbre, c'est une inhumation !

L. Ruquier : Quand on a cassé sa pipe !

J.-B. Hebey : Faudrait vérifier dans le dico.

L. Ruquier : Une fellation, évidemment, j'en avais entendu parler... donc une *irhumation* c'est quand tu te mouches la bite !

P. Geluck : J'sais pas ce que j'ai, mais j'éternue tout le temps !

*

J.-L. Lemoine : Le pire, quand on est au restaurant, c'est quand t'es avec ta compagne et qu'à côté de toi y a un couple ultra amoureux qui n'arrête pas de se faire des papouilles et t'as ta copine qui regarde et qui fait : « Pourquoi tu m'fais pas ça ? »

L. Ruquier : Oui, surtout vous qui êtes en train de vous branler sous la table ! On connaît votre réputation maintenant !

*

L. Ruquier : Regardez ce que je vous ai apporté !

G. Miller : Une bouteille de château-neuf-du-pape !

L. Ruquier : Tiens, devinez qui nous l'envoie, cette bouteille.

S. Garel : Un artiste ?

L. Ruquier : Oui.

G. Miller : Qui chante ?

L. Ruquier : Oui.

G. Miller : Est-ce qu'il a vraiment beaucoup de succès, cet artiste ?

L. Ruquier : C'est vachement pratique pour répondre à ce genre de question.

S. Garel : Non, quand ils ont du succès, ils n'envoient pas de bouteilles !

*

P. Bénichou (s'adressant à Isabelle Motrot) **:** C'est pas qu'ils sont moches, tes cheveux, c'est qu'ils sont sales !

*

L. Ruquier : Ah, Steve Fosset, il vient de réaliser le tour du monde en moins de 80 heures dans son trimaran des airs, ce qui m'épate, j'sais pas si vous avez remarqué dans ce type d'exploit, comme chaque fois on ne s'intéresse plus à eux... ils cherchent chaque fois un petit truc pour dire : coucou, on est toujours là... Steve Fosset il n'avait pas assez de carburant pour aller jusqu'au bout, c'est comme Peyron, il voit des baleines tous les deux jours, Kersauson qui a vu un calamar...

P. Bénichou : Bien sûr, et moi j'suis dans mon train de banlieue, j'fais quatre heures de train tous les jours avec le froid qui rentre, partout j'entends le malheureux qui est dans le Pacifique, y en a marre quand même, qu'on respecte un peu les pauvres comme moi !

G. Miller : Pierre, sincèrement, depuis combien de temps est-ce que tu n'as pas pris le métro à Paris ?

P. Bénichou : La dernière fois, c'était y a trois semaines quand je jouais au théâtre, souvent je prenais le métro parce que c'était plus commode pour y aller... sinon j'ai une voiture ! Je suis à la tête d'une immense fortune qui me permet d'avoir une voiture automobile avec un volant qui tourne... des fois, il m'arrive de faire le plein même ! C'est vrai !... oui... oui, quelle dénonciation extraordinaire, ignominieuse, oui... oui... j'ai une voiture... et y a des fois quand j'appuie ça fait vroom vroom...

L. Ruquier : Donc, on revient à Steve Fosset et son tour du monde en moins de 80 heures.

P. Bénichou : C'est rien à côté de ce que prépare Miller : le tour du monde en métro, il fait 80 stations !

*

L. Ruquier : Pour lire un livre la nuit, regardez, on vient de m'apporter un truc formidable, ça se trouve dans les magasins, vous pouvez lire dans le lit sans déranger la personne d'à côté. Vous avez comme une vitre avec un ptit manche, un bouton sur le manche, vous appuyez, la vitre s'éclaire, vous glissez ça dans le livre et ça n'éclaire que le livre.

P. Bénichou : Mais ça coûte très, très, très cher, parce qu'il faut d'abord prendre une femme... qu'elle se couche à côté de toi... lui dire de t'engueuler quand t'allumes la lumière... Ça coûte du pognon, tout ça !

*

L. Ruquier : On a fêté les grands-mères hier. Je trouve qu'on n'a pas fait beaucoup de publicité pour ça.

P. Bénichou : Mais on en a trop fait... Arrêtez avec ce truc... déjà la fête des mères...

Steevy : Non, la fête des mères c'est sympa, quand t'es à l'école et que tu fais un cadeau pour ta maman... Moi, mon père, il a gardé des cadeaux que j'lui avais fait en maternelle !

L. Ruquier : Votre père, des cadeaux que vous lui avez faits à la fête des mères ? J'comprends mieux...

[...]

P. Bénichou : Je suis évidemment pas contre les grands-mères, j'peux plus m'taper que ça maintenant !

*

L. Ruquier : Ah, vous avez entendu ce contrôleur aérien qui s'était endormi ? Un vol régulier de l'aéropostale a dû rester en attente pendant plusieurs dizaines de minutes au-dessus de l'aéroport de Nice parce que le contrôleur de la tour s'était assoupi.

P. Bénichou : C'est incroyable, tu te rends compte, 118 morts parmi les lettres recommandées !

*

J.-B. Hebey : Est-ce que vous avez vu Carla Bruni aux Victoires de la musique, tout ce dont ils ont parlé, c'est de ses pompes...

P. Bénichou : Moi, je me souviens que de ça. Je te jure !

C. de Turckheim : Mais qu'est-ce qu'elles avaient, les pompes de Carla Bruni ?

P. Bénichou : Les pompes de Carla Bruni ? Elles ont changé ma sexualité.

*

L. Ruquier : Des chopes en plastique à la fête de la Bière, est-ce que cela vous choquerait ? C'est le projet d'un tenancier bavarois qui envisage de remplacer les traditionnelles chopes de bière en verre d'1 litre par des chopes en plastique pour la prochaine fête de la Bière à Munich.

P. Bénichou : C'est honteux, c'est comme le vin de messe en cubi aussi, non, c'est pas possible !

*

L. Ruquier : Dans *Marianne*, la société Goosebumps qui fabriquait des chaussures a été contrainte de mettre à la poubelle 35 000 paires de chaussures parce qu'à chaque pas, les semelles émettaient un bruit de pet. Les clients se sont plaints.

J.-B. Hebey : À mon avis, ça va marcher, y a rien qui amuse plus les mômes que les bruits de pets !

L. Ruquier : Au contraire, faut les garder pour soi, parce que, quand tu pètes, tu dis c'est mes chaussures Goosebumps. « Avec les chaussures Goosebumps, pétez quand vous voulez ! »

*

C. Ockrent : Le patron de Boeing vient d'être licencié pour avoir entretenu une relation que la morale réprouve avec l'une de ses employées.

L. Ruquier : Je trouve ça injuste, elle était consentante, cette dame. Il a 68 ans, il est marié, il a des enfants.

C. Ockrent : Il est grand-père !

J. Benguigui : Tu ne peux pas empêcher le patron de Boeing de s'envoyer en l'air, quand même !

P. Bénichou : À 68 ans, il ne devait pas lui faire grand mal !

J. Benguigui : Et c'est un spécialiste qui parle !

*

L. Ruquier : On parlait de la journée de la femme, ça me permet de vous signaler que Bertrand Delanoë a annoncé hier que la passerelle en construction sur la Seine entre le parc de Bercy et la bibliothèque François-Mitterrand pouvait être le premier pont de la capitale portant le nom d'une femme, laquelle ?

C. Ockrent : Mazarine ?

L. Ruquier : Non... ce sera le pont Simone-de-Beauvoir. Gérard, comment vous l'auriez appelé, vous, ce pont ?

G. Hernandez : Moi, j'aurais rendu hommage à la famille Levy, un pont Levy !

J. Benguigui : Non, moi, j'trouve que le pont Simone-de-Beauvoir, c'est très bien.

P. Bénichou : C'est bien parce que ça reliera une bibliothèque.

C. Ockrent : Mais Mitterrand n'avait pas une passion pour Simone de Beauvoir.

L. Ruquier : Ah oui, alors il faudrait trouver quelqu'un que Mitterrand aimait bien et qu'il lisait volontiers... le pont Élisabeth-Tessier, peut-être ?

P. Bénichou : Non, le pont Marguerite-Duras ça aurait été pas mal aussi.

L. Ruquier : La pointe, ça aurait été mieux qu'un pont !

J. Benguigui : La pointe *Duras* !

*

L. Ruquier : Moi, j'suis obsédé par les inspecteurs olympiques qui sont à Paris pour juger la ville. Je ne sors même pas mon chien, imaginez qu'il y en ait un qui n'aime pas les chiens ! Je ne sors pas mon chien pendant trois jours, je ne peux pas foutre en l'air les jeux Olympiques !

J. Benguigui : Ce soir au théâtre, Gérard, il faut qu'on dise un mot là-dessus si par hasard y en a un dans la salle.

P. Bénichou : D'ailleurs vous devriez même changer le titre, mettre *Chaleur moyenne.*

L. Ruquier : Pendant trois jours, on doit faire tous attention !

J. Benguigui : Moi, j'me promène en survêtement pour montrer l'esprit sportif de la France. Je cours constamment !

L. Ruquier : Moi, pareil, j'suis arrivé en jogging, moi, ce matin !

J. Benguigui : Je ne prends plus les ponts... je plonge, je nage !

L. Ruquier : Mais bien sûr, faut leur montrer... Faut pas l'once d'une contrariété, rien !

P. Bénichou : Moi, j'saute un peu à la corde !

L. Ruquier : Mais on a tout modifié, ce soir c'est pas David Pujadas et PPDA qui présentent le journal, c'est Marie-José Pérec sur France 2 et Marielle Goitschel sur TF1. On veut leur montrer qu'on est dans le coup en France !

P. Bénichou : Mais bien sûr, moi j'ai eu une aventure avec la femme d'un type comme ça, j'lui faisais *Killy Killy Killy*...

C. Ockrent : Alors, qu'est-ce qu'il faut que je fasse, Laurent ?

G. Hernandez : Ben, restez en short comme vous êtes !

*

L. Ruquier : Ça va mal entre Laurent Fabius et François Hollande, ça a dégénéré à cause des boules de neige que François Hollande a reçues le week-end dernier lors de la manifestation pour la défense des services publics. Il a pris des boules de neige, pas seulement des boules de neige, des œufs... des œufs en neige d'ailleurs... et Laurent Fabius a dit à peu près : « Oui, mais c'est normal » et puis alors Mme Ségolène Royal en a pris un coup aussi, hier.

J.-L. Lemoine : Ben, c'est une bonne nouvelle !

L. Ruquier : Ça ce n'est pas bien, c'était la journée de la femme, hier !

J.-L. Lemoine : Ben, justement !

*

L. Ruquier : Hier, c'était la journée de la femme.

J.-L. Lemoine : Non, mais très sincèrement, je pense que c'est une grosse connerie, la journée de la femme.

É. Lévy : Oui, je suis d'accord.

J.-L. Lemoine : C'est quelque chose qui se fait sur la longueur, pas sur une journée. Parlons de la parité mais parlons-en au quotidien !

É. Lévy : Oh non, on ne va pas parler de ça toute l'année !

J. Benguigui : Non, moi j'trouve ça bien, c'est exactement comme le festival d'Angoulême... Au moins une fois par an on parle de bande dessinée, eh ben, c'est déjà ça !

É. Lévy : Eh ben, là, y a un festival de la nana.

L. Ruquier : Y a un festival de l'*ananas* et j'm'en paie même pas une tranche !

*

L. Ruquier : Un crocodile mangeur d'hommes a été capturé à Kampala, un crocodile géant qui avait dévoré au moins cinq personnes. Un responsable de l'autorité ougandaise de la faune a expliqué : « Nous pensons qu'il a environ 60 ans, ce crocodile, il pèse entre 80 et 100 kilos. »

P. Cochin : Mais ça vit combien d'années, les crocodiles ?

L. Ruquier : Y a la doyenne des crocodiles qui s'appelle Jeanne *Caïman* !

*

L. Ruquier : Repassons à la visite des inspecteurs olympiques arrivés hier à Paris. On aurait dû faire les jeux Olympiques à Lourdes, on aurait plus de médailles, déjà !

*

L. Ruquier : Après vingt-sept mois d'attente, les parents d'un garçon qui s'appelle Lucas vont le récupérer. L'enfant leur avait été retiré quinze jours après sa naissance pour maltraitance, eh bien, les parents récupèrent leur petit Lucas. On vient de découvrir en fait qu'il souffrait de la maladie des « os de verre », la cour d'appel de Riom dans le Puy-de-Dôme a donc innocenté les parents.

P. Cochin : C'est horrible comme histoire.

É. Lévy : C'est atroce, mais en même temps, c'est compliqué parce que les médecins avaient effectivement vu des fractures dont on ne connaît pas l'origine.

L. Ruquier : En revanche, quand le gosse est rentré il a pris une tarte parce que les parents lui ont dit : « C'est à cette heure-ci que tu rentres ? »

*

L. Ruquier : « Les jeux de mots à deux balles de Pierre Sled ne m'amusent pas », nous dit Sophie, une auditrice...

P. Geluck : Mais c'est normal, il a tellement commenté le tennis, il a des jeux de mots à deux balles, s'il rate le premier, il a une chance au second !

L. Ruquier : « Ils sont préparés trois plombes à l'avance et on sent bien qu'il les a déjà sortis au petit déjeuner à Sophie Davant pour les tester ! »

*

L. Ruquier : Aviez-vous lu dans *Marianne* cette histoire incroyable arrivée à un Américain vivant en Floride ? Un matin de la semaine dernière, ce brave père de famille va aux toilettes et il sent quelque chose de bizarre lui caresser le derrière. D'un bon il se lève et il se trouve nez à nez avec...

P. Geluck : Nicolas Hulot ?

L. Ruquier : Non, un python de 2 mètres.

P. Sled : Il l'a pris pour un python, il n'était pas allé aux toilettes depuis quinze jours, en fait !

*

L. Ruquier : Un homme araignée sévit à Santa Fe, on l'appelle le dingue des toits et il provoque la psychose dans la population argentine. Les gens affirment qu'il fait des bons de 5 mètres de haut et jusqu'à 10 mètres de long.

P. Vandel : Comment ils peuvent croire à des choses pareilles ?

P. Geluck : Mais l'Argentin est crédule par nature, on en connaît.

L. Ruquier : Oui, Paco, le copain de Christine Bravo, qui saute quand même 90 kilos régulièrement !

*

L. Ruquier : *Le Nouvel Obs* consacre une page entière à la sélection des nouveaux produits qui feront de votre bain un authentique traitement de bien-être et de beauté. Moi, ça m'intéresse. Vous mettez des choses vous dans votre bain, Caroline ?

P. Geluck : Un petit canard qui flotte ?

C. Diament : Non, j'ai suffisamment de trucs qui flottent pour ne rien rajouter !

P. Vandel : Est-ce qu'il reste de la place ?

P. Geluck : Est-ce que vous mettez de l'eau dans le bain ?

L. Ruquier : Trois centimètres pour pas que ça déborde ! D'ailleurs vous ne rentrez pas dans votre baignoire ! Philippe Vandel, lui, il se baigne dans la cuvette de ses chiottes... D'ailleurs vous savez pourquoi Vandel a souvent des bosses sur le crâne ? Parce que, quand il s'assoit sur ses chiottes, y a la lunette qui retombe !

C. Diament : Parfois, je mets des pastilles comme les aspirines effervescentes, tu les mets dans le creux des reins et tu as des petits pétillements qui remontent le long du dos.

P. Geluck : Y en a qui le font sans pastilles !

L. Ruquier : Il a raison, on est en manque de gaz depuis deux jours, c'est écrit dans tous les journaux, il faut que les Français fassent un effort !

P. Leconte : C'est ce qu'on appelle « entamer le processus de paix » !

*

L. Ruquier : Christine, une auditrice s'adresse à Philippe Alfonsi et lui dit : « Monsieur Alfonsi, j'entends les Corses râler parce qu'ils sont victimes de coupures d'électricité depuis plusieurs semaines à cause du froid, mais je tiens à rappeler que la Corse s'est opposée à l'installation d'une centrale nucléaire, alors EDF n'est pas totalement responsable de leur malheur. »

P. Alfonsi : Les Allemands aussi s'opposent massivement à l'installation des centrales nucléaires, ils n'ont pas de coupures d'électricité.

P. Bénichou : Oui, mais les Allemands, ils ont réussi à avoir leur indépendance, ils ne dépendent plus de nous, les Allemands !

*

L. Ruquier : Un petit message pour Isabelle Motrot : « Je lui adresse un grand merci puisque, grâce à elle, je sélectionne les films que je vais voir au cinéma, ce qui me permet d'éviter bien des navets, je suis plus souvent d'accord avec elle qu'avec les magazines de cinéma assez commerciaux. Merci et bravo. »

I. Motrot : Alors, il faut quand même signaler une chose, c'est que c'est grâce à Europe 1 et à France 2 qui me laissent dire ce que je pense, ce qui n'est pas toujours possible ailleurs.

S. Garel : Mais ailleurs tu n'y es plus, ma fille !

*

L. Ruquier : Vous êtes allé au Musée archéologique de Naples, Gérard ?

G. Miller : Absolument, juste avant d'aller visiter Pompéi.

S. Garel : Est-ce que tu as vu les filles ? Parce que : « Ah, qu'elles sont jolies, les filles de Pompéi ! »

*

L. Ruquier : Mathurin, un auditeur, me dit : « J'ai regardé avec attention le téléfilm de TF1 relatant l'affaire Francis Heaulme c'était hier soir, dites, il a été payé combien Gérard Miller pour louer ses pulls à l'acteur principal qui joue Heaulme ? »

P. Alfonsi : Et la prestation de Thierry Frémont est extraordinaire.

L. Ruquier : Ah oui, ils lui ont changé la gueule de façon incroyable.

S. Garel : Parfois ça tombe bien !

P. Bénichou : Thierry Frémont ? C'est un acteur très connu dans quel quartier, ça ?

*

L. Ruquier : Michael Jackson est arrivé hier au tribunal en pyjama et en chaussons. Il avait du mal à marcher parce qu'il s'était trompé de chaussons ; il avait pris ceux qui étaient au pied de son lit, ils faisaient du 35 !

[...]

G. Miller : Je suis choqué par cette justice américaine. La justice, elle doit être juste pour tout le monde, y compris pour les puissants. Ça me met hors de moi qu'on puisse dire : « Oh, là, là, c'est pas grave, c'est Michael Jackson... il a du fric. » Il est peut-être coupable, il est peut-être innocent, moi, je suis désolé, ça me choque, une justice comme ça.

P. Bénichou : Absolument et, en plus, tu sais que je voudrais te présenter au championnat du monde d'enfonceur de portes ouvertes, j'adorerais, parce que tu es vraiment le meilleur !

*

L. Ruquier : J'aimerais qu'on revienne quand même sur la commission d'évaluation des jeux Olympiques qui est allée de site en site hier pour visiter les différentes installations prévues pour les jeux Olympiques 2012. À cette occasion il y a une interview de Jean-Pierre Raffarin dans *Le Parisien* ce matin qui dit : « Paris est mondial. » On lui demande quelle est sa discipline préférée, il dit : « J'ai une grande passion pour l'athlétisme, en particulier le relais. »

P. Bénichou : Il serait temps qu'il passe le témoin !

G. Miller : Il est mignon, Pierre, il a fait un mot qui était assez amusant et, après, il caresse le micro comme un chat tellement content d'avoir dit le bon mot, tu es touchant par moments, je trouve.

P. Bénichou : Toi, t'es *tout chiant*, toi !

*

L. Ruquier : *Libération* nous donne cette statistique ce matin : 38 % des plus de 65 ans ont perdu toutes leurs dents.

Marie Laforêt : Brossez-vous les dents avec du sel et ça n'arrivera pas.

L. Ruquier : Ah bon, alors pas besoin de dentifrice ?

Marie Laforêt : Mais je n'utilise jamais de dentifrice, que du sel de table et je n'ai pas de problèmes de dents, tu m'diras, je suis loin, loin, loin des 65 ans, ça fait longtemps que je les ai eus !

L. Ruquier : Steevy a de très belles dents, bon, un peu à la Fernandel, vous les lavez avec du sel aussi ?

Steevy : Euh, non.

L. Ruquier : Non, uniquement du sperme, hein ? Est-ce que vous refermez bien le tube chaque fois ?

*

P. Leconte : J'aime bien la Miss France de cette année, moi. Je sais pas pourquoi, un soir de désœuvrement je regardais l'élection de Miss France.

C. Alévêque : Tout le monde dit toujours ça : par hasard j'ai regardé, toi, t'es du genre à regarder le catalogue de *La Redoute* par hasard !

Steevy : Quelle idée saugrenue !

I. Alonso : Le catalogue de *La Redoute* a longtemps été le refuge des libidos adolescentes, les garçons emportaient le catalogue aux toilettes...

C. Alévêque : Ben oui, 24 heures chrono !

L. Ruquier : Marie, comme elle habite Genève, elle va dans les toilettes avec les *3 Suisses* ! Steevy, lui, il était abonné à Vertbaudet c'est pour ça qu'il a fini avec Bourriquet !

*

Steevy : Ah, moi, j'adorerais tenir un bordel, j'te jure, avoir une maison close avec des grands canapés en léopard, les lustres, la soie qui dégueule des rampes...

I. Alonso : Je suis consternée... Ce n'est pas une solution d'ouvrir des bordels, je préfère qu'on lutte vraiment contre la prostitution.

L. Ruquier : Écoutez, Steevy, ouvrez un bordel mais sans prostitués à l'intérieur, si c'est vraiment uniquement pour la déco et les trucs en léopard, faites visiter votre appart et qu'on n'en parle plus !

*

C. Alévêque : Je crois que les poissons ont une mémoire de quatre secondes c'est-à-dire que, toutes les quatre secondes ils ne se rappellent plus du tout de ce qu'ils ont fait avant.

I. Alonso : Je ne crois pas, il paraît qu'un poisson qui a été pêché et remis à l'eau ne remord jamais dans un hameçon.

Marie Laforêt : C'est pas vrai, moi, j'ai été mariée quatre fois et chaque fois j'ai remordu !

*

L. Ruquier : Je vous emmène dans la maison idéale des Français. On voit que la cuisine est devenue plus importante que la salle de bains ou la salle à manger.

P. Bénichou : Absolument, moi, mon fils il a un appartement tout neuf, tu arrives, tu ouvres la porte, tu es dans la cuisine. C'est la victoire des femmes, des féministes... On est plus dans le salon, elles ont mis le mari dans la cuisine !

M. Dor : Tu sais que maintenant on va de plus en plus vers des maisons gigantesques. Par exemple aux USA, ils se sont rendu compte que la moindre maison qu'ils construisent, c'est minimum 600 m^2.

P. Bénichou : D'ailleurs, en France aussi, y a des maisons de 600 m^2, mais on les fait en duplex et on les garde pas longtemps !

*

L. Ruquier : Hélène Ségara et Liane Foly, ce sont les plus sympas des chanteuses.

P. Bénichou : Hélène Ségara, elle couche vraiment avec Orlando ou pas ?

L. Ruquier : Elle ne serait pas si souvent enceinte !

*

J. Bonaldi : Dans l'émission qui est passée sur France 2, « Le plus grand Français de tous les temps », il n'y a que deux femmes sur les dix premiers dans le classement : Édith Piaf et Marie Curie.

L. Ruquier : Enfin, trois en robe si vous comptez l'abbé Pierre !

P. Bénichou : C'est bien que Marie Curie fasse partie des dix plus grands Français parce que Marie

Curie n'est pas un personnage tellement connu, tout le monde ne sait pas ce qu'elle a fait.

P. Wermus : Non, mais elle a donné son nom à beaucoup de lycées.

L. Ruquier : Elle a donné son nom au poulet ! Il y a cinq jeunes sur dix aujourd'hui, si on leur demande ce qu'on doit aux Curie, ils répondent : le poulet, croyez-moi !

*

L. Ruquier : Une info intéressante dans *Le Canard enchaîné*, ce sont les privilégiés du radar. On nous raconte que près de 7 000 privilégiés ont été flashés par des radars automatiques sans recevoir l'amende correspondant à l'excès de vitesse enregistré. Dans les voitures diplomatiques, c'est intéressant de voir quels sont les services d'ambassadeurs qui roulent le plus vite, eh bien, ce sont les Chinois qui obtiennent la palme. Les Chinois roulent trop vite.

P. Bénichou : Mais c'est normal parce qu'il y a pas longtemps qu'ils ont des voitures et ça les fait rigoler d'aller vite.

L. Ruquier : Leur moteur n'est pas encore bridé, vous voulez dire !

*

L. Ruquier : Un tribunal est en train de juger si le Queen, la boîte de nuit parisienne, doit rester ouvert ou non sur les Champs-Élysées. Le Queen va-t-il fermer ? Le bail prévoit un maximum de 492 clients dans la boîte de nuit et il y a un huissier envoyé par le propriétaire des lieux qui a constaté que des dépassements systématiques avaient lieu allant jusqu'à 1 200 danseurs certains soirs. Alors l'avocat du Queen tient à démontrer que c'est un peu fantaisiste, ce constat de 1 200 personnes par soir. Il dit que l'huissier s'est placé dans un bistrot d'en face pour compter les gens qui rentraient, mais il y a des gens qui rentrent et il y a des gens qui sortent.

P. Bénichou : Bien sûr, au Queen, c'est évident, ça rentre, ça sort !

*

L. Ruquier : Qu'est-ce que je vois à la une de *France-Soir* ce matin ? Il y a deux étudiants en architecture qui ont un projet de faire un grand prix de Formule 1 dans Paris.

P. Geluck : Mais rassurez-moi, Laurent, est-ce que lors de cette épreuve la circulation sera interdite aux autres automobilistes ?

[...]

L. Ruquier : Et puis ils disent que les citadins, ceux qui habitent rue Saint-Dominique par exemple, puisque c'est prévu de passer rive droite et rive gauche...

P. Cochin : Rue Saint-Dominique ? Mais elle est minuscule, cette rue. Non, moi, je pensais qu'ils allaient prendre les grandes voies avec les souterrains, là où Lady Di a fait les tests, déjà !

*

L. Ruquier : Le président coréen de Samsung s'est fait réserver trois pistes de ski à Courchevel pour son usage exclusif.

C. Ockrent : Ce qui est génial, c'est qu'il ne veut pas skier au milieu de gens qu'il ne connaît pas, mais en plus il ne veut pas prendre les remonte-pentes, il aura des motoneiges pour le monter, lui et sa troupe.

L. Ruquier : Oui, des pistes jaunes maintenant à Courchevel pour le président coréen de Samsung... et il veut faire de l'alpinisme aussi, il veut être *premier de Corée* !

*

L. Ruquier : Alors je me tourne vers Christine Ockrent, vous allez certainement bien savoir m'expliquer car ce n'est pas très clair pour tout le monde : la fameuse directive Bolkestein qui relance la polémique entre les tenants du oui et du non sur le référendum.

C. Ockrent : L'idée c'est que l'Union européenne devienne un grand marché pour les services. C'est une directive qui est dangereuse dans la mesure où elle dit, si elle est appliquée (et pour le moment ce n'est pas le cas), qu'une entreprise venant d'un pays de l'Est où les salaires sont beaucoup plus bas peut venir travailler en France avec des ouvriers qui seraient payés au salaire de leur pays d'origine. Ce qu'on ne dit pas c'est qu'il y a déjà une directive qui, elle, a été approuvée. Par exemple, vous êtes hollandais, vous êtes une entreprise de plomberie et vous décidez d'envoyer un Hollandais réparer des tuyaux en France.

L. Ruquier : Des joints plutôt... un plombier d'Amsterdam...

C. Ockrent : Donc, la directive dit que ce plombier est obligé d'obéir aux réglementations françaises.

P. Vandel : Je regarde dans *Le Parisien*, en France le salaire minimum est de 1 154 euros, en Lettonie, il est de 121 euros par mois.

L. Ruquier : Pour la plomberie en *laiton*, c'est sûr qu'ils vont être plus forts !

*

P. Cochin : S'il y en a une qui a inventé des trucs ici qui sont déposés à l'INPI, c'est bien moi !

L. Ruquier : Qu'est-ce que vous avez déposé ?

P. Cochin : Plusieurs brevets, entre autres un brevet qui est un système qui empêche le sel de coller quand il fait humide, vous savez, le sel motte dans les salières.

C. Ockrent : Mais tu as inventé le grain de riz ?

P. Cochin : Eh bien, non justement, le grain de riz n'a jamais empêché l'humidité, le grain de riz permet de « démotter ».

P. Geluck : Péri, d'abord on ne dit pas « démotter », on dit se faire le maillot !

*

L. Ruquier : Chez Mars on a décidé de supprimer 250 postes en France.

P. Geluck : Pas là, maintenant... justement au mois de mars ?

L. Ruquier : Le fabricant des mythiques barres de chocolat fait fondre ses effectifs, nous explique *Le Parisien*.

P. Geluck : Et que disent les révoltés du Bounty ?

P. Cochin : Normalement, c'est « un Mars et ça repart ! »

P. Geluck : Et si on écoutait une chanson ?

L. Ruquier : Pourquoi ?

P. Geluck : « Ne me *kit kat* », par exemple !

*

L. Ruquier : Le choix en beaux garçons n'est pas large dans cette émission.

P. Bénichou : En fait, on est un !

L. Ruquier : Isabelle, qu'est-ce que vous en pensez... vous êtes sur une île déserte depuis trois mois, on vous dit : on vous envoie quelqu'un mais il faut choisir dans la bande d'*On va s'gêner*, lequel vous choisissez ?

I. Motrot : Alors là, c'est très difficile.

L. Ruquier : Je suis en train de penser, vous emmèneriez Stéphane Pocrain, non ?

I. Motrot : Peut-être.

P. Bénichou : Mais pense à tes parents, aussi ! Ah, ils vont être contents, devine qui vient sur mon île déserte ! Ah ben, bravo !

*

L. Ruquier : Alors, j'ai un témoignage, Pierre, c'est Marius qui dit : « Cher monsieur Bénichou, j'étais assis à la terrasse d'un café au coin de la rue Faidherbe et de la rue Paul-Bert. Vous étiez au volant de votre puissante automobile, une Renault

Vel Satis noire, cherchant à vous garer, vous avez d'abord reculé et écrasé la roue d'un vélo, c'était le mien, puis vous avez avancé pour emboutir un plot. Le temps que je me lève, vous étiez parti. J'ai noté l'immatriculation de votre voiture. Où puis-je envoyer la facture de remplacement de ma roue de vélo ? » Alors, est-ce que c'est vrai ?

P. Bénichou : Alors, c'est vrai. Y a un type qui me dit : « Faites attention » parce que j'étais trop près d'un plot. Là-dessus, je sors du restaurant et je vois un truc sur mon pare-brise : « Bénichou, tu conduis comme un pied. » Il a d'ailleurs appelé les poulets sûrement parce que j'avais une contravention à 11 heures du soir. J'vois pas comment on écrase une roue de vélo ! Non mais d'abord, ce type-là, qu'est-ce qu'il foutait affalé à une terrasse de café avec son vélo à 22 h 30 alors qu'il aurait pu, j'sais pas moi, allez casser les vitres d'une permanence communiste, un truc comme ça ! J'avoue que cette phrase n'est pas de moi mais de Raymond Queneau.

L. Ruquier : Pierre, je vous donne son e-mail, peut-être, si vous voulez lui répondre.

P. Bénichou : Non, j'ai pas d'e-mail, moi, il n'a qu'à envoyer son adresse, en plus Marius, Marius, c'est quoi... j'vais lui envoyer des olives, à ce con-là !

*

L. Ruquier : Philippe Alfonsi ne dit rien sur le référendum pour la Constitution européenne.

P. Alfonsi : Ah non, moi je n'ai pas l'argument du temps de parole entre les partisans du oui et ceux du non... je crois pas que ce soit un argument massue...

P. Bénichou : Quand on prononce le nom de Massu, on se lève ! (Il se lève et se met au garde-à-vous.) [...] On n'a pas le droit de faire un meeting si on est membre du parti socialiste une fois que le parti socialiste a démocratiquement voté pour l'Europe, un point c'est tout.

L. Ruquier : À la demande des partisans du non à ce référendum, Henri Emmanuelli et Jean-Luc Mélenchon ont demandé à ce qu'il y ait un référendum interne au sein du parti socialiste.

P. Bénichou : Mais ne *Mêlenchon* pas tout, quand même !

*

P. Cochin : Allez sur Internet, vous allez rencontrer l'âme sœur.

Steevy : C'est génial, Internet, quand j'ai du temps libre, je passe mon temps à « tchater », j'adore ça.

L. Ruquier : Il n'a jamais passé autant de temps la main sur une souris pour trouver un mec !

*

L. Ruquier : Dans *Marianne* on nous raconte l'histoire d'un homme de 40 ans qui avait perdu son pénis à la suite d'un accident de moto. Les chirurgiens lui avaient fabriqué une verge de remplacement en prélevant des tissus sur d'autres parties de son corps. Une prothèse qui marchait parfaitement bien, nous dit le journal. Michael avait même pu avoir un fils avec son épouse Bianca grâce à sa prothèse. Mais Michael n'était pas satisfait de l'apparence. Il a donc demandé aux médecins de lui en fabriquer une deuxième plus authentique. Alors les chirurgiens ont décidé de laisser la première en place le temps que la nouvelle prothèse soit alimentée en sang. Quand Michael est rentré chez lui et qu'il a montré son double sexe à Bianca, elle a demandé le divorce.

P. Bénichou : Au lieu d'appeler une copine !

*

L. Ruquier : L'arrivée de Charlotte de Turckheim dans le studio. Vous étiez chez le coiffeur, chère Charlotte ?

G. Hernandez : Et c'était fermé !

*

L. Ruquier : *La Nuit de la mort* est le titre d'un film dont vous devriez demander à Charlotte de vous parler, car on la voit nue dans ce film. Qu'est-ce que c'est que ce film ? Ce n'est pas *Le Gibier*, *Le Gibier* étant un film porno dans lequel Charlotte a joué par inadvertance.

C. de Turckheim : Eh bien, oui, il arrive des choses comme ça, parfois, dans la vie, comme de tourner dans un film porno sans s'en rendre compte. Quelquefois, je me dis que je suis vraiment blonde.

P. Bénichou : Ah, je croyais que t'avais remarqué que t'étais vraiment blonde après avoir vu le film !

[...]

L. Ruquier : Alors, on vous voit nue dans ce film ?

C. de Turckheim : Oui, mais ce n'est pas ça qui a de l'intérêt dans le film. C'est l'immense qualité artistique de ce film !

J. Benguigui : Alors, c'est un navet ou pas ?

C. de Turckheim : Ce n'est pas que c'est un navet, c'est la taille au-dessus !

*

L. Ruquier : Est-ce que l'erreur ne vient pas finalement du président Chirac qui a voulu faire un référendum sur l'Europe, alors qu'il aurait fait voter ça par l'Assemblée comme il en avait le droit, l'affaire était jouée.

C. Ockrent : Oui, mais le référendum est dans la tradition gaulliste dont il se réclame.

L. Ruquier : Oui, mais de Gaulle ne va pas démissionner après le référendum, il n'est plus là.

*

L. Ruquier : Le président coréen de Samsung, j'ai raconté d'ailleurs qu'on lui avait donné un saint-bernard pour des questions de sécurité, il a dit : j'arriverais jamais à manger tout ça.

*

C. de Turckheim : Ce n'est pas une très bonne idée que Jean-Pierre Castaldi ait fait cette émission de « Première Compagnie ».

J. Benguigui : Pourquoi t'es allé là-bas ?

G. Hernandez : Pourquoi, t'avais besoin de sous ? Viens à la maison, il y a toujours des pâtes !

P. Bénichou : Moi, je ne suis pas pour ceux qui critiquent ce genre de choses, je trouve qu'elle est passionnante, cette émission. Autant je déteste toute la télé réalité, autant je trouve que c'est l'émission la plus antimilitariste que j'aie jamais vue. On voit toute la connerie du militaire, de la discipline, on voit à quel point c'est grotesque, on voit à quel point les chefs c'est ce qu'il y a de pire au monde.

L. Ruquier : Les chefs, c'est ce qu'il y a de pire au monde ?

P. Bénichou : Les chefs, c'est ce qu'il y a de pire au monde... sauf à la radio. Quand je vois qu'un malheureux qui est là qui se couche tranquillement le soir, qui met sa petite combinaison en latex et qu'on vient le tuer... Prends un exemple, Jean, tu te couches, tu mets ta combinaison en latex, tu aimes pas le rose parce que tu es un petit garçon, tu mets ta combinaison bleue, moi, je mets la rose, y a une copine qui arrive, elle a un revolver, tu vois pas qu'elle te tire dessus, c'est terrible ça, si l'armée avait son mot à dire... je ne sais pas comment je vais m'en sortir...

*

L. Ruquier : Ça se passe pas mal entre Élisabeth Lévy et Gérard Miller, je suis limite déçu.

G. Miller : Je suis moi-même déçu. Dans ma tête, sans que je dresse une petite liste comme Pompidou ; vous savez, il avait dans sa poche un petit carnet dans lequel il avait noté tous les noms des gens qui lui avaient manqué au moment où on avait fait courir sur lui et sa femme des rumeurs épouvantables. Moi, je ne suis pas comme lui, mais j'ai dans la tête un certain nombre de gens dont je me dis : Un jour, je me les ferai.

L. Ruquier : Et maintenant que vous la voyez, vous avez envie de vous la faire ?

*

L. Ruquier : Le magistrat branleur... vous vous souvenez de cette affaire ? Il se masturbait durant ses audiences, il a été déclaré pénalement irresponsable pour raison de troubles psychiques. Il a fait l'objet d'un non-lieu.

É. Lévy : Il faut dire que, des fois, ça doit être dur quand vous entendez des plaidoiries absolument interminables.

L. Ruquier : Oui, on a vite le barreau !

G. Miller : Qu'il ait des troubles psychiques, c'est tout à fait possible, mais il est donc néanmoins toujours en exercice ?

L. Ruquier : Non, il branle plus rien, là !

É. Lévy : Ah, la conversation était plus élevée avant.

L. Ruquier : Comme disait l'ancien ministre des Affaires européennes, vaut mieux entendre ça que d'être Lamassoure !

*

L. Ruquier : Je vous emmène en Suisse.

É. Lévy : Ah ! Édouard Stern !

L. Ruquier : Non, pas pour Édouard Stern, parce que la Suisse emballe ses glaciers. En effet, la Suisse s'apprête à emballer des glaciers dans une mousse spéciale.

É. Lévy : En latex !

*

L. Ruquier : Les Verts ont plongé dans la Seine. On a une belle photo du nouveau président des Verts qui a nagé dans la Seine hier avec trois de ses amis.

J.-L. Lemoine : Et là, il est vraiment vert !

É. Lévy : Gérard doit savoir ça... Il n'y a pas une photo du président Mao en train de se baigner ?

G. Miller : Bien sûr, c'était un des moments phares de la révolution culturelle chinoise où le bruit courait que Mao était malade et, pour prouver ça, on l'a mis dans l'eau, c'est une célèbre image.

L. Ruquier : Le célèbre *Mao de bain* !

*

L. Ruquier : Dominique Voynet veut qu'on change les paroles de *La Marseillaise.* La sénatrice verte de Seine-Saint-Denis a déposé un amendement demandant que soit supprimé du texte « Qu'un sang impur abreuve nos sillons ».

P. Wermus : Ce n'est pas nouveau. Geneviève de Fontenay a fait campagne là-dessus il y a deux ans.

L. Ruquier : Elle n'est pas verte, elle est même mûre, elle ! [...] Qu'est-ce qu'elle est bien, Geneviève, je l'ai vue dans la pub MMA pour la première fois hier soir. C'est génial pour Mme de Fontenay, parce que maintenant, dans la rue, les jeunes grâce à cette pub lui font MMA, MMA, alors qu'avant ils faisaient MMé, MMé !

*

P. Wermus : On vous reconnaît de temps en temps, Jean-Luc Lemoine, ou pas ?

J.-L. Lemoine : Oui, j'vais vous dire à quel point on me reconnaît. Hier soir, j'étais allé voir la pièce de Laurent Ruquier et il y a la jeune fille qui place les gens dans la salle qui me regarde et elle me dit : « Tu travailles à la caisse, toi ! »

*

L. Ruquier : Est-ce que vous voyez qui est Elena Lenina ?

P. Vandel : C'est la Russe de Nice People.

L. Ruquier : Une superbe blonde avec des gros seins, très jolie. Eh ben, vous savez ce qu'elle dit ? Ça m'a rendu heureux ce matin. C'est Wermus qui demande à Elena quel est l'homme de sa vie. Que répond Elena Lenina ? « Moi je ferais une déclaration d'amour à Laurent Ruquier, il a de l'humour, il a l'air gentil, enfin j'adore les hommes à lunettes, c'est quand il veut, où il veut. » Eh bien, mesdames et messieurs, je lui réponds oui. C'est quand elle veut, où elle veut. Moi, je suis pas contre, parce qu'une nana canon comme ça, moi, j'vais vous dire pourquoi je suis devenu pédé, parce que j'avais des filles trop moches, hein !

C. Alévêque : Oui, mais ce n'est pas un argument, dans ces cas-là, on serait tous pédés !

L. Ruquier : Mais non, justement, il y a des gens qui ont du goût ! On va l'inviter, on a décidé avec toute l'équipe, on l'appelle la semaine prochaine.

C. Alévêque : Je pense qu'elle pensait à toute l'équipe.

L. Ruquier : Ah, non, non, non, non, non... remarquez c'est une expérience que je n'ai jamais vécue, je ne suis pas contre non plus.

D. Évenou : Mais, Laurent, ce n'est pas la première fois que ça vous arrive de vivre une aventure avec une femme !

L. Ruquier : Mais il y a longtemps que ce n'est pas arrivé et puis, la dernière fois, c'était Sophie Forte... si vous voulez, ça va me changer !

P. Geluck : Cette fois-ci, c'est Sophie Forte poitrine !

D. Évenou : Mais le bébé de Sophie vous ressemble ?

L. Ruquier : Ah, non !

P. Geluck : Donc là aussi, Laurent Ruquier, vous dites oui à Elena comme pour le référendum !

P. Vandel : En tout cas, il dit oui à sa constitution !

L. Ruquier : « 27 ans, Russe, débute comme mannequin, productrice, animatrice, célibataire »... Ah... elle a un enfant !

P. Geluck : Mais enfin, vous avez un chien, déjà.

L. Ruquier : Faut voir en même temps, s'il a 18, 19 ans ! [...] Ah, j'ai une bonne idée pour ma soirée avec Elena, parce qu'il faut quand même mettre de la musique très romantique, je mets quelques chandeliers avec des bougies sur la table, une jolie nappe...

P. Geluck : Et votre copain, vous le déguisez en maître d'hôtel ?

[...]

C. Alévêque : Je repense à l'interview, c'est Paul Wermus qui l'a faite. À mon avis, il a dû l'orienter parce que ça me fait un peu chier quand même. Il a dû dire trois, quatre noms et puis il a lancé : « Ruquier. »

L. Ruquier : Regardez comme ils sont jaloux !

D. Évenou : Mais, moi, je comprends qu'on soit amoureux de Laurent, on a envie de le prendre dans ses bras, il est attendrissant.

L. Ruquier : Je plais beaucoup aux vieilles !

D. Évenou : C'est tout ce que je ne veux pas entendre.

P. Geluck : Tant que tu l'entends c'est que c'est bon signe !

D. Évenou : Eh ben, pour vous punir, je vais vous raconter une histoire. C'est un curé qui fait du vélo sur son vélo, et il descend, donc il est sur une pente, et ses freins lâchent. Alors il crie : « Au secours ! Mes freins ont lâché ! » Et à ce moment-là, il y a un petit garçon qui sort de sa maison et il jette de la poudre devant le vélo et le curé s'arrête. Vous savez pourquoi ? Parce que, le petit garçon, il lui a jeté de la poudre à curer.

P. Sled : Non, « à récurer » !

L. Ruquier : Vous avez bien fait de mal la raconter parce que autrement elle n'aurait pas été drôle !

*

L. Ruquier : Les Anglais sont fair-play, ça m'a épaté, le fair-play des enfants du prince Charles, en tout cas le grand fils William qui va être témoin au mariage du prince Charles avec Camilla quand même. C'est formidable d'être témoin... pour la mémoire de sa mère Lady Diana.

P. Geluck : Déjà, il n'avait pas pu être témoin de l'accident de sa mère, donc il est témoin au mariage de son père.

*

P. Vandel : Philippe, moi, ce que j'ai aimé dans les émissions de Drucker, c'est ton compliment à Michou.

P. Geluck : Ah, ma lettre à Michou quand j'ai retracé sa vie en disant qu'il avait sauté sur la Normandie pour libérer la France. Il avait atterri sur le clocher du village. C'est lui qu'on voit dans le film.

L. Ruquier : Oui, *Le Jour le plus fion* !

*

L. Ruquier : On nous annonce dans *Courrier international* l'arrivée de ce nounours construit et imaginé par Microsoft, un nounours truffé d'informatique capable de surveiller tous les mouvements de votre enfant. Quand l'enfant bouge, la tête de l'ours balaye la pièce, envoie des images aux parents par un lien vidéo à distance. Le nounours peut même repérer les visages et prendre l'air intimidé ou embarrassé.

P. Geluck : Si c'est des cambrioleurs par exemple, il prend l'air embarrassé : « Oh... ben, qu'est-ce qu'il faut faire ? »

C. Alévêque : C'est une invention de merde. Il faut qu'ils aient une vie intime, les gamins, si on est en train de les surveiller... non.

P. Vandel : Mais Christophe, ce n'est pas pour les gamins, c'est pour les bébés, pour voir s'ils ne s'étouffent pas avec une biscotte.

C. Alévêque : C'est pour le bébé et après on va le garder parce qu'ils sont plus grands et après je vais le faire pour ma femme dans la journée.

P. Vandel : T'as raison, ta femme elle est conne, elle voit le nounours, elle le laisse alors qu'elle est avec son amant.

P. Geluck : Ou alors pire, elle se tape le nounours !

C. Alévêque : Là, du coup, t'as que le son, t'as pas l'image.

P. Geluck : Et tu te méfies quand tu rentres, le nounours prend l'air innocent.

L. Ruquier : Depuis le temps qu'elle voulait faire les mêmes choses que sur Canal Peluche !

*

L. Ruquier : Record battu pour *Louis La Brocante*. 8 millions de téléspectateurs mardi soir pour cette série de France 3, un score écrasant. C'est fou, j'en ai jamais vu un épisode.

P. Vandel : Moi, j'en ai vu un morceau et on a toujours l'impression qu'il ne se passe rien.

J. Bonaldi : Et c'est bien, c'est la France profonde et surtout ça ne va pas trop vite, ça ne fonce pas à fond la caisse. Ça va lentement, calmement, on comprend bien les choses.

P. Geluck : C'est le retour au vrai, ce sont les effets normaux au lieu des effets spéciaux.

L. Ruquier : Exactement et d'ailleurs dans l'épisode prochain c'est *Louis La Brocante chez Jean Paul II et le prince Rainier.*

*

L. Ruquier : *Kojak* va faire son retour. Plus de trente ans après les débuts de *Kojak.* Ce n'est pas Teddy Savalas qui jouera Kojak mais l'acteur aura toujours le même crâne lisse, le costume croisé et l'éternelle chupa chups au coin du bec. Sauf que le nouveau Kojak est afro-américain alors que l'ancien était d'origine grecque.

D. Évenou : Afro-Américain ?

P. Vandel : Oui, c'est le mot politiquement correct pour dire Black.

L. Ruquier : Donc Kojak va être un Black chauve.

P. Geluck : Non, mais afro-américain : il est peut-être black clair parce que Teddy Savalas était un peu blanc foncé...

L. Ruquier : Ce n'est pas parce qu'on est d'origine grecque qu'on est forcément blanc foncé. Je vous rappelle que l'épouse de Christophe Alévêque est grecque d'origine.

C. Alévêque : Elle ressemble de plus en plus à Teddy Savalas, d'ailleurs.

L. Ruquier : Sauf qu'elle prend de moins en moins la chupa chups !

*

P. Sled : Pourquoi en France il n'y a pas de chaînes de télévision senior ?

J. Bonaldi : Plusieurs raisons. Il ne faut pas dire aux jeunes qu'ils sont jeunes, il ne faut pas dire aux vieux qu'ils sont vieux. Donc il ne faut pas faire une chaîne senior.

P. Sled : Ça existe aux États-Unis.

L. Ruquier : Il y a bien Radio Nostalgie, pourquoi ils ne feraient pas Télé Névralgie ?

P. Sled : Ce qui est amusant en ce qui concerne la publicité à la télévision, c'est qu'on a décrété que les vieux regardaient la télé le matin et, si tu regardes les pubs à la télé le matin, c'est extraordinaire, tu as que des pubs sur les trucs pour monter les escaliers en t'asseyant sur un siège, les volets qui se ferment tout seuls, sur les alaises...

L. Ruquier : Vous devriez être content, Sophie Davant aura toutes les adresses pour votre retraite !

*

L. Ruquier : Peut-être, Philippe Geluck, vous pourriez lui envoyer votre chat en chocolat, votre « chacolat » j'ai envie de dire... oh, vous auriez dû l'appeler ainsi, « le chacolat » de Geluck... ah ben, c'est comme ça que ça s'appelle... ah ben, j'avais pas vu !

*

L. Ruquier : On m'a envoyé des tas de choses pour Pâques regardez le petit lapin de Pâques en peluche, regardez comme c'est mignon. Pierre Sled, vous avez des enfants, quel âge ils ont, vos enfants ?

P. Sled : Neuf et onze ans.

P. Vandel : Ah, c'est pour moi : un et trois ans.

L. Ruquier : Non, je les garde, les miens sont encore dans mes couilles !

*

L. Ruquier : « Wermus, quel con ! » Voilà, c'est un auditeur qui nous envoie un mail.

P. Wermus : Et ensuite ?

L. Ruquier : C'est tout.

P. Wermus : C'est un peu bref !

C. Diament : En même temps, c'est efficace !

*

P. Wermus : Si je vous dis Oum Kalsoum, vous ne savez même pas ce que c'est.

L. Ruquier : Oh, si, c'est une des plus grandes chanteuses égyptiennes et, quand elle chantait, ça durait 1 h 30 la chanson.

S. Garel : C'est ce qu'on appelait *Oum Kalsoum long* !

*

L. Ruquier : Imaginons qu'il y ait une quelconque intelligence pour jouer au Keno.

Steevy : C'est le facteur du hasard.

L. Ruquier : C'est le facteur du hasard ?

P. Bénichou : C'est un bon titre pour ton nouveau roman, *Le Facteur du hasard*.

L. Ruquier : On ne dit pas : « le facteur du hasard », éventuellement on dit : « c'est le facteur hasard ».

Steevy : Tout ça pour un mot de deux lettres !

P. Bénichou : Moi, pour un mot de trois lettres, je n'ai pas couché avec Rita Hayworth.

L. Ruquier : Ah bon ?

P. Bénichou : Eh ben, oui, je lui ai dit : « Tu veux coucher avec moi ? » Elle m'a dit non. Elle m'aurait dit oui, c'était fait !

*

L. Ruquier : Lance Armstrong participait au Paris Camembert.

J. Benguigui : Il a perdu.

L. Ruquier : Il est meilleur au dopage qu'au fromage !

*

L. Ruquier : Parlons de Fabien Barthez. Il a dit qu'il ne regrettait pas d'avoir craché sur un arbitre marocain parce qu'il « faut en avoir entre les jambes ».

P. Bénichou : Il commence à me faire chier, celui-là. Ils commencent à m'emmerder, tous ces millionnaires au crâne rasé qui viennent donner des leçons de civisme à la France entière parce qu'ils ont eu cette petite chance d'être doués pour le football, je ne parle pas de Zidane qui est le plus sympathique... encore lui, c'est un autiste, il ne peut pas dire un mot. Mais tous les autres qui sont là : « Et on a gagné seulement 100 millions par mois », ils ont tous l'accent du Midi, en plus. Tous les milliardaires sont chiants. Mais les milliardaires qui se sont fait eux-mêmes sont pires encore. « On crache sur les Marocains, on en a entre les jambes. »

L. Ruquier : Il a bien joué en même temps.

P. Bénichou : Bien sûr, tu ne veux pas qu'il joue mal pour 100 millions par mois !

*

Steevy : J'étais à la Foire du trône avec Elsa Fayer et Caroline Diament et il y avait les pompiers qui vérifiaient tous les manèges un par un et qui donnaient l'autorisation.

L. Ruquier : Toujours, quand Caroline monte dans un manège !

P. Bénichou : Avec Elsa Fayer et Caroline Diament, c'était une soirée culturelle ?

Steevy : Les filles ont fait une nouvelle attraction, ça fait 130 kilomètres-heure en moins d'une seconde, ça t'arrache le chignon.

L. Ruquier : Et vous n'êtes pas monté, vous ?

Steevy : Oh ben, ça ne va pas ! Moi, j'étais dans le camion Barbie.

P. Bénichou : Il est bon, il la vole pas, sa célébrité !

G. Hernandez : Moi, je ne le connaissais pas mais je ne regrette pas.

L. Ruquier : Avouez qu'il est mignon, Gérard.

P. Bénichou : Oui, mais qu'il soit plus connu que nous, ça, ça fait chier.

*

P. Bénichou (s'adressant à Gérard) **:** Vous me touchez ?

G. Hernandez : Oh pardon, je sais que le talent n'est pas contagieux.

*

P. Cochin : On a été convoqués dans l'école de mon fils parce que la première semaine il y avait des gamins qui arrivaient le jean aux genoux et le proviseur expliquait que ce serait bien si les parents faisaient un petit peu attention à la tenue vestimentaire de leurs enfants.

P. Bénichou : Mais toi... cette idée d'aller à cette réunion topless quand même en plein hiver !

P. Cochin : Et il y a des filles qui arrivaient en string dépassant du jean.

É. Lévy : Mais comment on voit un string qui dépasse du jean ?

P. Cochin : Parce que tu as un t-shirt un peu court, le jean un peu plus bas et le string qui dépasse et donc ils ont estimé qu'en troisième ce n'était pas une tenue tout à fait correcte.

L. Ruquier : Surtout pour un garçon !... Et là, il dit : « Ce n'est pas ma faute, j'fais comme papa ! »

[...]

C. Alévêque : Nous, on a été convoqués aussi mais pas pour ça.

L. Ruquier : Ah oui, qu'est-ce qu'il a fait, votre fils ?

C. Alévêque : Ben, rien.... Mais rien alors... Et chaque fois qu'on y va, c'est un tribunal, c'est une catastrophe. Le professeur principal nous dit :

« Écoutez, nous pensons que votre fils a des problèmes psychologiques, à notre avis il ne mange pas correctement, il doit se coucher très, très tard, c'est un enfant totalement livré à lui-même. »

L. Ruquier : Mais qu'est-ce que vous lui donnez à manger ?

C. Alévêque : Ben, il mange comme le chien... des croquettes, quoi.

P. Cochin : Mais à quelle heure il se couche ?

C. Alévêque : Ben, après le film porno.

P. Bénichou : Est-ce que sa maman lui fait des câlins ou c'est seulement le papa ?

*

L. Ruquier : Qui a déjà ce qu'il faut pour recevoir la TNT ?

P. Leconte : Non, je trouve qu'il y a déjà trop de chaînes, je m'y perds un peu.

É. Lévy : Mais il y a des nouvelles chaînes.

P. Leconte : Pornographiques ?

L. Ruquier : La chaîne TNT, Tu Niques Tout !

*

L. Ruquier : Je me demandais si vous étiez remise de l'émission de Marc-Olivier Fogiel et Guy Carlier, il paraît qu'ils ont été méchants avec vous.

Marlène : Non, ils ont essaye mais vous savez, moi, pour que quelque chose me blesse, il m'en faut un peu plus quand même. Ils ont essayé de me faire passer pour une idiote pendant toute l'émission.

L. Ruquier : Non ?

Marlène : Oui évidemment, ils font toujours passer les blondes pour des idiotes.

L. Ruquier : Mais vous êtes une fausse idiote !

*

P. Geluck : Oui, il y a un vin de Bordeaux à la gloire du chat dont je dessine les étiquettes.

P. Vandel : Tu fais tout, toi, tu fais les assurances, la Peugeot, les langues de chat...

P. Wermus : Vous êtes un stakhanoviste, vous gagnez vraiment beaucoup d'argent, sûrement plus que Marlène, non ?

L. Ruquier : Elle c'est grâce à sa chatte !... Pardon, Marlène, je ne pouvais pas la louper... si j'ose dire.

*

P. Wermus : Moi, mon seul rêve c'est qu'un jour quelqu'un m'imite, mais personne ne m'imite. Ça fait des années que j'attends qu'on m'imite.

L. Ruquier : Mais attendez d'être célèbre !

*

Marlène : J'ai déjà fait deux disques, le deuxième c'était dans la maison de disques à Jean-Michel Jarre d'ailleurs.

P. Vandel : De Jean-Michel Jarre.

L. Ruquier : Non, on dit « à Jean-Michel Jarre », on dit bien « Isabelle Adjani » pas « Isabelle De Djani » !

*

L. Ruquier : Comme j'élève le niveau culturel de cette émission avec des sujets comme l'opéra de Bordeaux, Jean Renoir et, là maintenant, je vais vous poser une belle question : « Où donc se trouve la vestale ? »

J.-L. Lemoine : À côté des scooters !

*

P. Geluck : Savez-vous que pour la statue de Balzac, qui est habillée d'une grande cape, Rodin a fait la statue de Balzac nu et il a ensuite posé la cape, il a sculpté la cape pour que la statue soit parfaitement correcte anatomiquement.

L. Ruquier : Et surtout parce que Balzac en avait marre d'être Honoré !

*

P. Wermus : Si vous avez des questions sur le musée Grévin, vous êtes gentil, vous vous adressez à moi, je suis académicien du musée Grévin, je veux dire par là si demain, Marlène, je pouvais vous faire entrer au musée Grévin, je le ferais, j'ai un véritable pouvoir d'influence.

L. Ruquier : Regardez le dragueur !

Marlène : Merci, Popaul !

*

L. Ruquier : Elle a des seins, Marlène... enfin, pardon de vous dire ça, mais même Elsa Fayer est battue, je dois dire.

J.-L. Lemoine : Oui, mais ce n'est pas le même budget !

*

L. Ruquier : J'hésite encore entre Marlène et Elena Lenina.

P. Wermus : Ben, moi, je vais parler à votre place. Je connais très bien les deux et il n'y a pas photo, je tire mon chapeau à Marlène.

Marlène : Ah, merci, Popaul !

P. Geluck : Mais tirer le chapeau à Popaul, ça veut dire aussi se décalotter !

*

Marlène : Moi, j'ai dit à Laurent dans son émission que je préfère les hommes à lunettes.

P. Vandel : Il y en a quatre qui sortent leurs lunettes.

L. Ruquier : Regardez tous ces vieux célibataires qui cachaient leurs montures !

*

L. Ruquier : Jean-Luc Lemoine, je ne vous sens pas intéressé par Marlène, on connaît vos plaisirs sexuels et solitaires, donc ça vous suffit de l'avoir vue pendant 1 h 30, ça va faire votre bonheur pour la soirée !

*

L. Ruquier : Bon alors, je pose la question aux garçons. Est-ce qu'on la fait revenir, Marlène ?

J.-B. Hebey : Absolument.

P. Vandel : Ah moi, je suis enchanté.

J.-L. Lemoine : « On la fait revenir », on a l'impression qu'on parle d'un plat... Moi, je la ferais bien sauter !

Vendredi 1er avril

L. Ruquier : « Je trouve que Mlle Sophie Garel est de plus en plus belle à la télévision. S'est-elle fait tirer, me demande Vincent, ou bien est-ce que c'est le maquillage ? En tout cas elle ressemble de plus en plus à Catherine Deneuve ! »

Marie Laforêt : Ah, oui, maintenant, surtout !

*

L. Ruquier : Un sondage dans *Paris Match* montre que, pour les Français, la différence d'âge dans un couple doit être de quatre ou cinq ans au maximum, ils n'acceptent pas plus de cinq ans de différence d'âge.

P. Bénichou : Non, huit ans... jusqu'à huit ans ça va... comme Claude Sarraute et Louis XIV par exemple, ils ont huit ans de différence et ils sont très heureux !

*

L. Ruquier : Dans *VSD*, il y a deux pages sur les mocassins et on en parle pas assez, du mocassin.

P. Bénichou : Je n'ai porté que ça.

G. Miller : Mais c'est extraordinaire, je remarque souvent tes chaussures, tu portes toujours des mocassins avec les deux glands.

P. Bénichou : Je n'ai jamais porté que ça. Ça ne s'appelle pas des glands, ça s'appelle des pampilles.

G. Miller : Mais le mocassin est vraiment la chaussure la plus grotesque qui ait jamais été inventée.

S. Garel : Et c'est Gérard Miller qui parle de la mode !

P. Bénichou : Tu peux mettre ton pied sur la table, histoire que l'émission devienne comique.

L. Ruquier : Là, le gland est à l'intérieur !

P. Bénichou : Il y en a qui n'aiment pas les mocassins avec les pampilles mais ça ne fait rien. Tant pis pour eux !

L. Ruquier : Comment vous dites : « les pampilles » ?

I. Motrot : Moi, je croyais qu'on disait « pampilles » pour les lustres.

L. Ruquier : Justement, il y a des lustres que Pierre a ses mocassins !

*

L. Ruquier : Bientôt, sortira un livre contenant les meilleurs moments de l'émission.

S. Garel : Il y en a eu ?

L. Ruquier : Oui, et comme ce sera compliqué pour calculer les droits d'auteur en fonction des répliques de chacun, je propose qu'avec l'argent, on se paie des vacances communes ?

P. Bénichou : Vous êtes donc mes invités !

Brèves
de
Jacques Ramade

Horoscope 2005 : Vénus va quitter Pluton pour rentrer dans Saturne. Élisabeth Tessier a quitté le plateau pour rentrer dans sa loge.

*

Raté sur le Dakar : Gérard Holtz a été présent jusqu'au bout.

*

Trois minutes de silence ont été observées à la radio. C'est Carla Bruni qui chantait.

*

Le paquebot *France* sauvé. Amarré dans le port de Saint-Tropez l'été prochain, il servira de cabine de bains à Hervé Gaymard.

*

L'Angleterre et l'Europe : Charles et Camilla se marieront le jour du référendum. Ça fera quand même deux Anglais qui auront dit oui !

*

Prévision des catastrophes naturelles : après le tsunami chez les Sri-Lankais, on craint un « Tsarkozy » chez les « Tchirakiens ».

*

Tarif de star : Depardieu demande 500 000 euros pour un film. Hervé Gaymard demande 500 m^2 pour une pièce !

*

Social : les poissons rouges doivent rester chez nous. Brigitte Bardot dira non à la « débocalisation ».

*

L'espérance de vie des femmes étant passée de 83 à 84 ans, Jeannie Longo arrêtera la compétition en 2051 et non en 2050 comme elle l'avait prévu.

*

Gilbert Montagné est allé voir le film sur Ray Charles, il n'en a pas cru ses yeux.

*

Les enfants d'Hervé Gaymard ont visité le château de Versailles. L'un d'eux a dit : « C'est plus petit que chez nous ! »

*

Lorie a fait sa déclaration de revenu, Raffarin a salué son « impositivité attitude »

*

Monsieur et Madame Pas-les-JO-à-Paris-qu'on-rira ont une fille.

Réponse : Cécilia.

*

Mimi Mathy aux sports d'hiver...

Elle a fait de la luge assise sur son portable !

*

Les joueurs du Paris Saint-Germain ont enfin mouillé le maillot...

Ils sont passés sous la douche sans quitter leur tenue !

*

Vitesse de croisière de l'Airbus A330 :

Traversée Paris-New-York : 58 minutes...

Traversée de l'avion à pied : 1 h 20.

*

Démonstration de joie d'Alain Juppé...

Il a échangé un sourire avec Jean-Pierre Bacri !

*

La maladie de Parkinson reconnue d'utilité publique...

C'est grâce à elle qu'on fait bouger le Sénat !

*

Vincent Delerm victime d'une extinction de voix pendant son tour de chant...

Le public ne s'est rendu compte de rien.

*

Pharmacie ouverte le dimanche...

Pour de la pommade, voyez Drucker l'après-midi !

*

Charles Pasqua reçu au Sénat...

On lui a déroulé le tapis pour lui éviter le Parquet !

*

La gauche prend position...

Hollande est dans le camp du oui... Fabius est dans le camp du non et Robert Hue est dans le camping-car !

*

Augmentation du timbre...

On va enfin entendre Carla Bruni !

*

Série comique à la télévision.

Les matchs du PSG vont être retransmis avec des rires enregistrés !

*

Lutte contre l'enfance maltraitée...

La tournée d'hiver de Lorie sera plus courte que prévue !

*

Après huit jours de grève, les employés de la tour Eiffel ont obtenu de l'augmentation. Ceux du premier étage monteront au deuxième... Ceux du deuxième au troisième... Et ceux du troisième partiront en retraite anticipée...

*

Vingt-cinq ans après *Les Bronzés*, l'équipe du Splendid va se retrouver pour tourner un film l'hiver prochain...

Ça s'appellera : *Les Ridés font du ski* !

*

Télévision :

Un bêtisier de bêtisier... tiré d'un bêtisier d'un bêtisier... est en préparation pour le bêtisier du jour de l'an.

*

Maurice Papon inquiet pour sa sécurité...

Il demande la mise en place d'un plan Vichy-pirate !

*

Mme Chirac s'est cassé une dent.

Elle a mordu le sonotone en parlant dans le creux de l'oreille de son mari.

*

Raffarin a remplacé le RMI par le RMA sans avoir le RMU...

*

Le tabac tue...

Dans la banlieue parisienne, une enseigne de buraliste qui s'était décrochée est tombée sur la tête d'un passant qui ne fumait plus depuis trois jours.

*

Incident au Marathon de Paris.

Un Malien qui participerait à l'épreuve a été expulsé...

Ayant perdu son dossard, il a été considéré comme un sans-papiers.

*

Conjugaison du verbe avoir au PC. Décomposé : J'ai... eu, tu as... eu, nous avons eu Hue, vous avez eu Hue, nous n'avons plus Robert Hue.

*

Frais de Bush...

Le désert sera compris dans l'addition.

*

Deux pouces cassés... trois doigts fracturés... Tony Blair et Jacques Chirac se sont serré la main jeudi dernier.

*

Séquence choc dans Vidéo gag...

On a vu quelqu'un qui n'est pas tombé.

*

Quelle différence y a-t-il entre Nicolas Sarkozy et PPDA ?

PPDA n'est dans le 20 heures de TF1 que cinq jours sur sept.

*

Jean Alesi n'a pas regardé *Taxi III* jusqu'au bout...

Il n'arrivait pas à suivre !

*

12,50 euros... le livre de Loana a eu un prix.

*

80 % des livres français vont être édités par Jean-Luc Lagardère...

Si tu ne lis pas chez Lagardère... Lagardère lira pour toi.

*

À Madrid, deux voitures de la Brinks se sont heurtées de plein fouet...

C'étaient Ronaldo et Zidane qui venaient chercher leur paye.

Chroniques satiriques

Ne nuit pas à la santé
Laurent Ruquier

L'année 2004 aura été une excellente cuvée pour l'humoriste le moins politiquement correct de notre paysage médiatique. Comme toujours, il papillonne au hasard de l'actualité, souvent tranchant, parfois méchant, toujours drôle. La canicule, la télé réalité, la télé tout court, les sapins de Noël, les voyages du Président, les mésaventures du Premier ministre, les bustes de Marianne, le calendrier des rugbymen… Laurent Ruquier n'oublie rien ni personne, et surtout pas ceux qui préféreraient qu'on les oublie !

(Pocket n° 12407)

Anthologie de l'humour

Mon best of
Laurent Ruquier

Au théâtre, à la radio, à la télévision, dans ses livres, Laurent Ruquier tire sur tout ce qui bouge. Il nous présente une anthologie de dix années d'impertinences, d'insolences et de succès ininterrompus. Tout le monde en prend pour son grade : acteurs, politiciens, journalistes... Tout est passé au crible avec un humour décapant, de l'élection présidentielle aux couacs de la cohabitation en passant par les Verts, les mesures antipollution, la réduction du temps de travail... Désopilant !

(Pocket n° 11702)

Achevé d'imprimer sur les presses de

BUSSIÈRE

GROUPE CPI

à Saint-Amand-Montrond (Cher)
en novembre 2007

POCKET - 12, avenue d'Italie - 75627 Paris Cedex 13

— N° d'imp. : 71183. —
Dépôt légal : décembre 2007.

Imprimé en France